Edición sénior Ben Morgan
Edición de arte sénior Jacqui Swan
Edición Tom Booth, Jolyon Goddard, Steve Setford
Diseño Sunita Gahir, Laura Gardner, Lauren Quinn, Peter Radcliffe,
Samantha Richiardi, Mary Sandberg
Ilustración Adam Benton, Peter Bull,
Stuart Jackson-Carter, Arran Lewis
Retoque creativo Steve Crozier
Coordinación de documentación iconográfica Sumita Khatwani
Diseño de cubierta Stephanie Cheng Hui Tan
Dirección de coordinación de diseño de cubierta Sophia MTT
Producción, preproducción George Nimmo
Producción sénior Meskerem Berhane
Edición ejecutiva de arte Owen Peyton Jones
Edición ejecutiva Rachel Fox
Dirección editorial Andrew Macintyre
Dirección de arte Karen Self
Subdirección de publicaciones Liz Wheeler
Dirección de publicaciones Jonathan Metcalf

Textos Jolyon Goddard, Derek Harvey, Tom Jackson,
Andrea Mills, Ben Morgan, Ginny Smith, Nicola Temple

Edición en español
Coordinación editorial Cristina Gómez de las Cortinas
Asistencia editorial y producción Malwina Zagawa

Servicios editoriales Tinta Simpàtica
Traducción Ana Riera Aragay

Publicado originalmente en Gran Bretaña
en 2021 por Dorling Kindersley Limited
DK, One Embassy Gardens, 8 Viaduct Garden,
London, SW11 7BW
Parte de Penguin Random House

ISBN: 978-0-7440-5960-1

Impreso y encuadernado en China

Para mentes curiosas

www.dkespañol.com

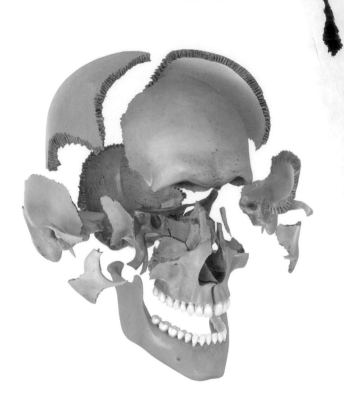

MIXTO
Papel procedente de
fuentes responsables
FSC™ C018179

Este libro se ha impreso con papel
certificado por el Forest Stewardship
Council ™ como parte del compromiso
de DK por un futuro sostenible.
Para más información, visita
www.dk.com/our-green-pledge

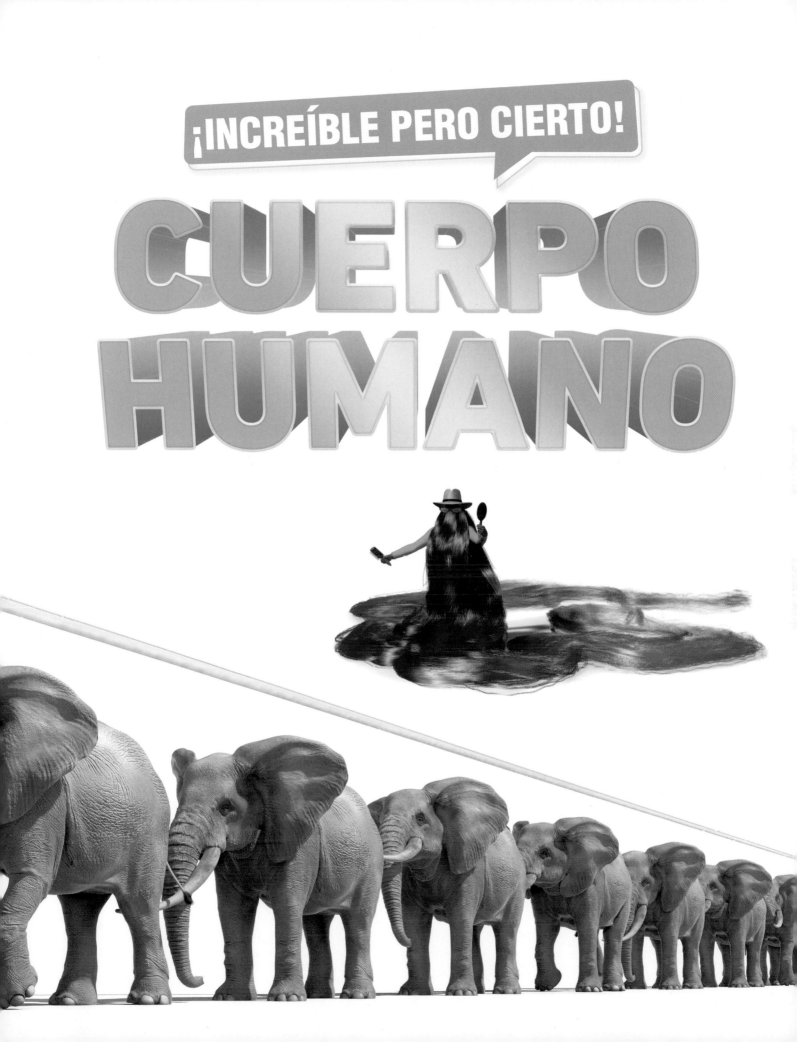

CONTENIDOS

1 FUNDAMENTOS DEL CUERPO

2 BARRERA EXTERIOR

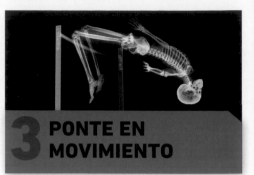

3 PONTE EN MOVIMIENTO

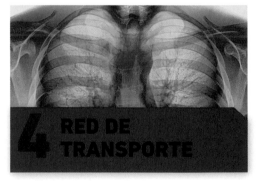

4 RED DE TRANSPORTE

5 ALIMENTAR EL CUERPO

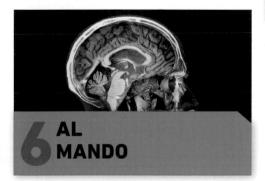

6 AL MANDO

7 SENTIDOS PODEROSOS

8 DEFENSA PROPIA

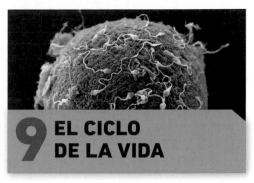

9 EL CICLO DE LA VIDA

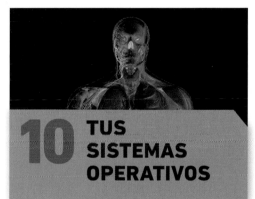

10 TUS SISTEMAS OPERATIVOS

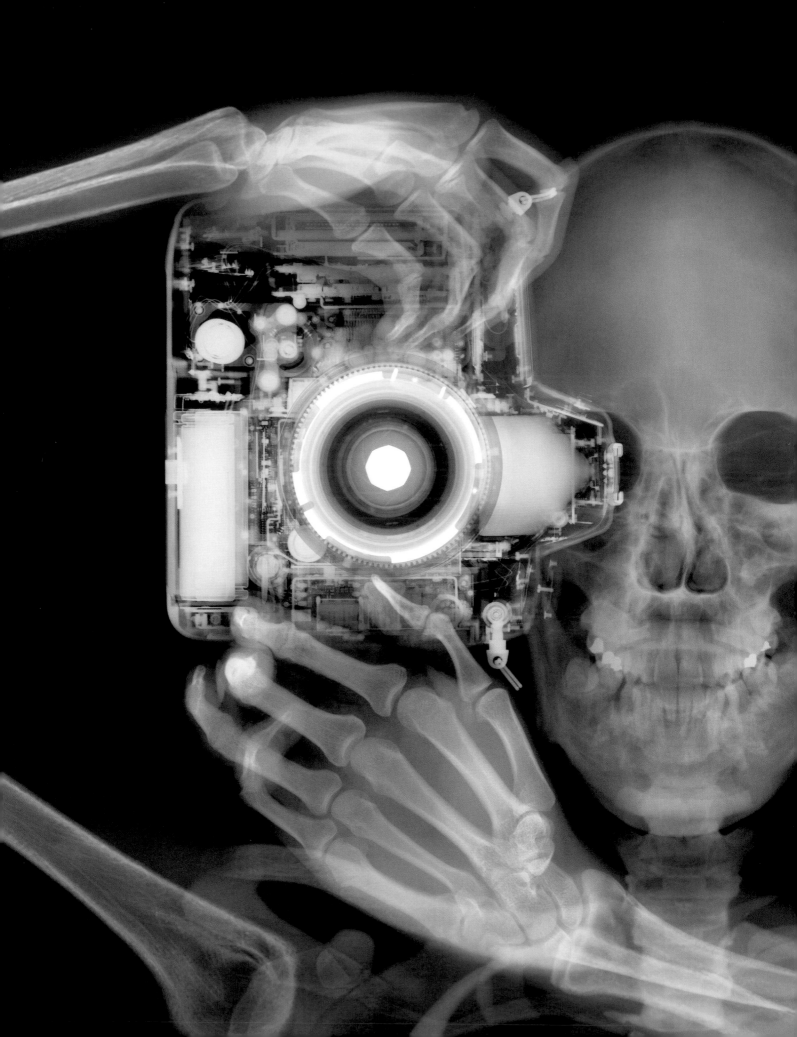

Fundamentos del cuerpo

Tu cuerpo es un rompecabezas gigante que está compuesto por 30 billones de piezas diminutas. Estas piezas, llamadas células, se agrupan para formar tejidos y órganos, y trabajan sin parar día y noche para que cada parte del cuerpo funcione correctamente.

El interior del cuerpo normalmente no es visible, pero las cámaras de rayos X permiten obtener imágenes de tus huesos y tus dientes.

¿DE QUÉ SE COMPONE
TU CUERPO?

El cuerpo humano se compone exactamente de las mismas sustancias químicas que todos los demás seres vivos, desde las pulgas hasta las ballenas. Estas sustancias están formadas por elementos, que no pueden descomponerse en otras sustancias más pequeñas. Hay 118 elementos químicos, pero solo seis de ellos forman el 99 por ciento de tu cuerpo. El más abundante es el oxígeno, que constituye dos tercios del peso de tu cuerpo, y el segundo más abundante es el carbono, que constituye el 18,5 por ciento de tu peso.

El carbono de tu cuerpo podría formar un diamante como un balón de fútbol.

DATOS Y CIFRAS

Tu cuerpo contiene una cantidad muy pequeña de oro. Para hacer un anillo de oro necesitarías 40000 personas (un estadio de fútbol lleno).

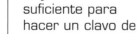

En tu cuerpo hay hierro suficiente para hacer un clavo de 7 cm. El hierro se necesita para transportar el oxígeno.

La mayoría de los elementos de tu cuerpo se formaron en el núcleo de las estrellas.

Los diamantes se componen de átomos de carbono en forma cristalina. Una persona tiene de media 12 kg de carbono en el cuerpo, pero ningún diamante. Los átomos de carbono de tu cuerpo se disponen en largas cadenas que forman el esqueleto de moléculas orgánicas como el ADN, las proteínas, las grasas y los hidratos de carbono. Todos los seres vivos dependen del carbono.

CÓMO FUNCIONA

Los cuatro elementos más comunes en el cuerpo humano son el oxígeno, el carbono, el hidrógeno y el nitrógeno. El oxígeno es el más abundante de todos porque forma parte del agua (H_2O), que es más de la mitad del peso de tu cuerpo.

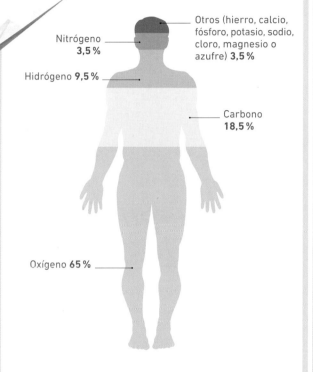

Otros (hierro, calcio, fósforo, potasio, sodio, cloro, magnesio o azufre) **3,5 %**

Nitrógeno **3,5 %**

Hidrógeno **9,5 %**

Carbono **18,5 %**

Oxígeno **65 %**

El oxígeno ayuda a tus células a obtener energía. El 21 por ciento del aire es oxígeno.

El carbono es el elemento del que están hechos los diamantes y la mina de los lápices.

El hidrógeno es el elemento más común del universo. El Sol se compone de hidrógeno.

El nitrógeno es esencial para la formación de los músculos y otros tejidos. Las plantas lo necesitan para crecer.

Si tus células fueran como un **grano de arroz,** tu cuerpo sería tan grande como el **Empire State** de Nueva York.

Si unieras tus 30 billones de células entre sí, podrías rodear la Tierra más de 13 veces.

La célula más grande del mundo es el huevo de avestruz: mide unos 15 cm de largo.

¿CUÁNTAS CÉLULAS TIENES?

Tu cuerpo está formado por 30 billones de componentes vivos diminutos llamados células. Las células corporales suelen medir una décima de milímetro de ancho, menos de la mitad que un pelo, aunque muchas de ellas son mucho más pequeñas. Algunas, como las células del cerebro, duran toda la vida, pero otras se agotan y mueren a las pocas semanas. Para reemplazarlas, tu cuerpo produce millones de nuevas células cada segundo.

CÓMO FUNCIONA

Las células vivas son como fábricas en miniatura y desempeñan cientos de tareas distintas por segundo. Dentro, las células tienen unas estructuras, los orgánulos, que hacen diferentes tareas.

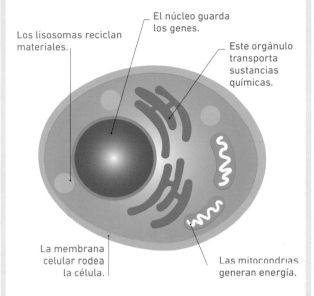

El núcleo guarda los genes.

Los lisosomas reciclan materiales.

Este orgánulo transporta sustancias químicas.

La membrana celular rodea la célula.

Las mitocondrias generan energía.

Sección transversal de una célula humana

Tu cuerpo tiene distintos tipos de células. La mayoría de ellas están especializadas en desempeñar una función específica.

Los glóbulos rojos recogen el oxígeno en los pulmones y lo transportan a todas las células del cuerpo. Le dan a la sangre su color rojizo.

Las células nerviosas transmiten señales eléctricas por el cuerpo. Tu cerebro contiene miles de millones de células nerviosas.

Las células musculares tienen partes que pueden acortarse muy rápidamente y crear movimiento.

¿Qué es esto?

CÉLULAS HUMANAS

La mayoría de las células del cuerpo se especializan en una tarea específica. Esta imagen microscópica muestra las células que revisten el principal conducto que va a los pulmones aumentadas 5000 veces. Segregan una mucosidad viscosa que atrapa las partículas de suciedad que hay en el aire. Unos grupos de pelos diminutos llamados cilios (de color verde en la imagen) se mueven de un lado a otro y hacen que el moco suba por la garganta.

DATOS Y CIFRAS

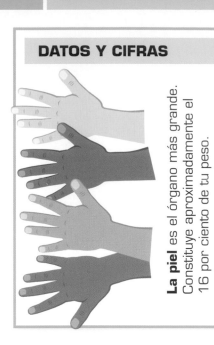

La piel es el órgano más grande. Constituye aproximadamente el 16 por ciento de tu peso.

¿CUÁNTOS ÓRGANOS TIENES?

El corazón, el estómago, los ojos y el cerebro son órganos, es decir, partes del cuerpo que desempeñan una tarea importante, como bombear la sangre o digerir la comida.

No está claro cuántos órganos tiene exactamente el cuerpo humano.

Algunos expertos afirman que son 79, pero otros dicen que son varios cientos.

La mayoría de los órganos más grandes e importantes se encuentran en el tórax y el abdomen.

El cerebro recibe información de los órganos de los sentidos, hace que seamos conscientes y decide cómo reaccionar. El cerebro también controla los procesos inconscientes, tales como la frecuencia cardíaca, la respiración y el sueño.

Los pulmones se llenan de aire para que la sangre pueda absorber el oxígeno y eliminan el gas residual, es decir, el dióxido de carbono.

La piel tiene tan solo unos milímetros de grosor, pero forma un órgano enorme que recubre y protege todo el cuerpo como si fuera una capa impermeable. La piel es también responsable del sentido del tacto y ayuda a controlar la temperatura corporal.

El corazón es una bomba de músculo. Cuando se contrae, bombea sangre a todo el cuerpo.

El estómago almacena los alimentos ingeridos y se encarga de descomponerlos (para digerirlos).

El hígado es una especie de planta química que procesa los alimentos digeridos, destruye los desechos y desempeña otras muchas tareas. Las reacciones químicas que se producen en su interior generan calor, que la sangre distribuye para ayudar a calentar el cuerpo.

La vesícula biliar es un pequeño órgano que almacena los desechos líquidos procedentes del hígado. Vierte dicho líquido en los intestinos, donde ayuda a digerir las grasas.

El instestino grueso y el delgado son unos tubos que se encargar de digerir los alimentos que pasan a través de ellos. También absorben los nutrientes de los alimentos digeridos para que el cuerpo pueda usarlos

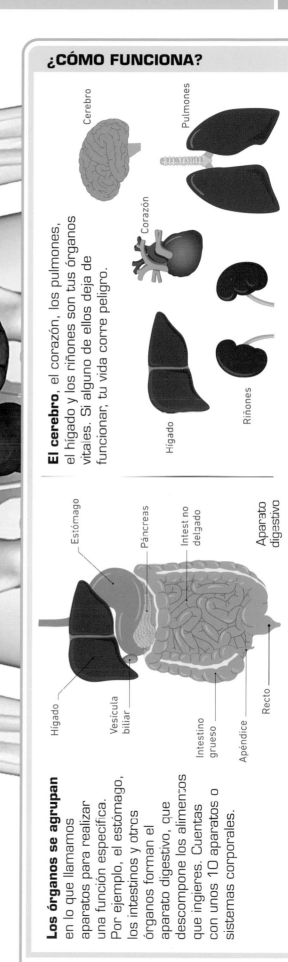

¿CÓMO FUNCIONA?

Cerebro

Pulmones

Corazón

Hígado

Riñones

El cerebro, el corazón, los pulmones, el hígado y los riñones son tus órganos vitales. Si alguno de ellos deja de funcionar, tu vida corre peligro.

Los órganos se agrupan en lo que llamamos aparatos para realizar una función específica. Por ejemplo, el estómago, los intestinos y otros órganos forman el aparato digestivo, que descompone los alimentos que ingieres. Cuentas con unos 10 aparatos o sistemas corporales.

Estómago

Páncreas

Intestino delgado

Hígado

Vesícula biliar

Intestino grueso

Apéndice

Recto

Aparato digestivo

Datos: el cuerpo

MÁS Y MÁS PEQUEÑO

El **cuerpo humano** puede *descomponerse en partes* **cada vez más pequeñas**, como **órganos, células y moléculas.** Estudiar el cuerpo a partir de sus distintos **niveles de organización** nos ayuda a comprenderlo.

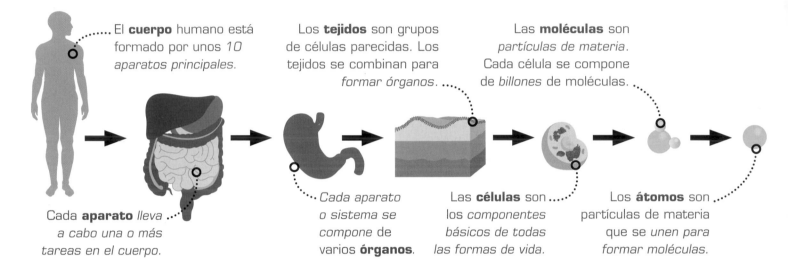

El **cuerpo** humano está formado por unos *10 aparatos principales.*

Los **tejidos** son grupos de células parecidas. Los tejidos se combinan para *formar órganos.*

Las **moléculas** son *partículas de materia.* Cada célula se compone de *billones* de moléculas.

Cada **aparato** *lleva a cabo una o más tareas en el cuerpo.*

Cada aparato o sistema se compone de varios **órganos.**

Las **células** son *los componentes básicos de todas las formas de vida.*

Los **átomos** son *partículas de materia que se unen para formar moléculas.*

BILLONES DE CÉLULAS

Tu cuerpo lo forman **30 billones de células.** *Hay cientos de tipos distintos,* pero la **gran mayoría** son *células sanguíneas.* Las **células sanguíneas** transportan suministros *vitales* por el cuerpo, reparan heridas y ayudan a eliminar los *gérmenes.*

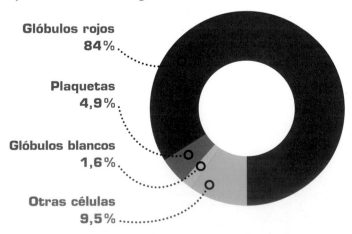

Glóbulos rojos
84%

Plaquetas
4,9%

Glóbulos blancos
1,6%

Otras células
9,5%

¿CUÁNTO DURAN LAS CÉLULAS?

Algunas **duran toda la vida,** mientras que otras mueren a los pocos días y deben ser **reemplazadas.** Las células de las partes del cuerpo que **trabajan duro**, como las del revestimiento de los intestinos, son las que **duran menos.**

Revestimiento intestinal	3 días	10 días	Papilas gustativas
Piel exterior	1 mes	2 meses	Esperma
Glóbulos rojos	4 meses	8 años	Células grasas
Óvulos	50 años	Toda la vida	Células nerviosas

TRASPLANTES DE ÓRGANOS

Lo normal es que los **órganos** te duren toda la vida, pero a veces hay que reemplazarlos con un **trasplante** a causa de **una enfermedad o lesión**. El primer trasplante realizado con éxito tuvo lugar en **1954**, cuando un americano donó un riñón a **su gemelo idéntico**.

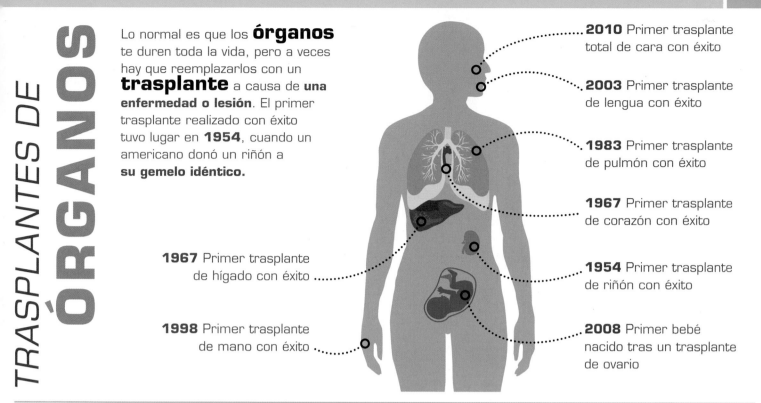

2010 Primer trasplante total de cara con éxito

2003 Primer trasplante de lengua con éxito

1983 Primer trasplante de pulmón con éxito

1967 Primer trasplante de corazón con éxito

1954 Primer trasplante de riñón con éxito

2008 Primer bebé nacido tras un trasplante de ovario

1967 Primer trasplante de hígado con éxito

1998 Primer trasplante de mano con éxito

EN EL INTERIOR

En el pasado, los médicos no tenían más remedio que *abrir el cuerpo* para poder **ver el interior,** pero actualmente disponen de distintas **técnicas de imagen.** Gracias a dichas **técnicas** resulta mucho más fácil *diagnosticar y tratar las enfermedades*.

SE HACEN UNOS
3600 millones de radiografías médicas *cada año.*

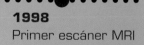

Siglo XVII
Primer microscopio

1895
Rayos X

1956 Primera máquina médica de ultrasonidos

1972
Primer escáner TC

1998
Primer escáner MRI

El microscopio permite observar *células individuales* para detectar un **cáncer** o identificar **microbios infecciosos** (gérmenes).

Los rayos X son rayos invisibles que *traspasan el cuerpo* pero son bloqueados por los huesos y los dientes. Se usan para **detectar caries** y **fracturas óseas.**

Las máquinas de ultrasonidos usan el eco de las ondas sonoras para *crear imágenes* de un **feto** o los **órganos** internos del cuerpo.

El escáner CT (tomografía computarizada) combina numerosas imágenes de **rayos X** en un ordenador para obtener imágenes de cortes o secciones transversales del cuerpo.

Una MRI (imagen por resonancia magnética) capta las ondas de radio de los átomos de **hidrógeno** del cuerpo y *crea imágenes de partes blandas del cuerpo* no visibles con rayos X, como **tejido cerebral.**

Barrera exterior

Tu piel, que te envuelve como una capa protectora, forma una barrera entre el interior de tu cuerpo y el mundo exterior. Tu piel es una capa impermeable capaz de repeler los gérmenes y de repararse y renovarse continuamente.

La piel de gallina no se te pone solo si te asustas; tiene que ver con el sistema de control de temperatura de tu cuerpo. Cada pequeña protuberancia la causa un músculo que hace que el pelo se erice para ayudarte a conservar el calor.

¿CUÁNTO
TE CRECE LA PIEL?

La piel se desgasta mucho, así que para que esté en perfectas condiciones el cuerpo debe reemplazarla continuamente. Cada segundo se te caen unas 30 000 células muertas de la piel y son reemplazadas por otras 30 000 nuevas. En aproximadamente un mes, se renueva toda la capa externa de la piel. La piel no es solo una capa externa protectora: regula la temperatura corporal, es responsable del tacto y te ayuda a agarrar y sujetar cosas.

La capa externa de la piel se regenera **700 veces** a lo largo de tu vida.

Una persona tiene de media unos 2 m² de piel, más o menos el equivalente a una sábana de cama individual.

La piel más fina es la de los párpados, con un grosor de 0,5 mm. La más gruesa es la de la planta de los pies, con hasta 5 mm de grosor.

CÓMO FUNCIONA

La capa más externa de tu piel es la epidermis y tiene menos de 1 mm de grosor. Se desgasta por arriba, pero se regenera continuamente desde abajo. Las nuevas células mueren tras formarse, pero luego se aplanan y endurecen formando una pared protectora.

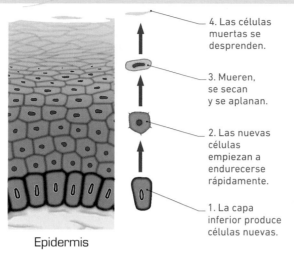

Epidermis

4. Las células muertas se desprenden.

3. Mueren, se secan y se aplanan.

2. Las nuevas células empiezan a endurecerse rápidamente.

1. La capa inferior produce células nuevas.

Las huellas dactilares están formadas por unas crestas diminutas que mejoran la sujeción de los dedos, como las marcas de un neumático. Son únicas para cada persona.

La piel tiene dos capas distintas: una capa muerta y otra viva. La capa superior, la epidermis, está formada por células muertas que forman una barrera dura e impermeable que protege de lesiones y gérmenes los tejidos vivos que hay debajo. Bajo la epidermis está la dermis. Esta capa contiene raíces de pelo, glándulas sudoríparas, vasos sanguíneos y células nerviosas que sienten el tacto y el dolor.

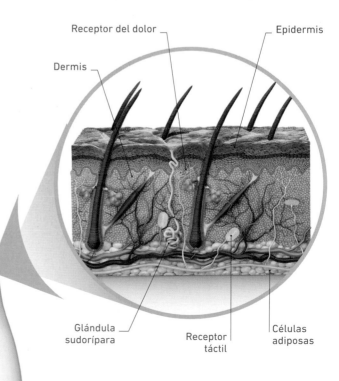

Receptor del dolor

Epidermis

Dermis

Glándula sudorípara

Receptor táctil

Células adiposas

¿Qué
es
esto?

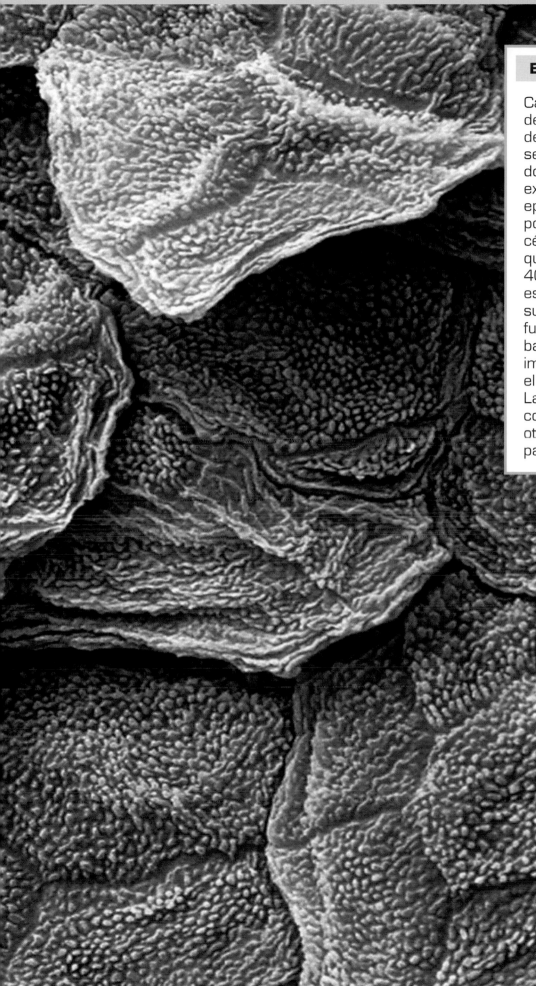

ESCAMAS DE PIEL

Cada minuto 2 millones de células muertas se desprenden de tu piel y se convierten en polvo doméstico. La capa más externa de la piel, la epidermis, está formada por miles de millones de células duras y aplastadas, que aquí ves aumentadas 4000 veces. Estas células están muertas, pero se superponen como si fueran tejas formando una barrera resistente e impermeable que protege el tejido vivo de debajo. Las células se desprenden continuamente, pero otras nuevas se forman para reemplazarlas.

La velocidad a la que crecen las uñas varía de una persona a otra, de los dedos de las manos a los de los pies, e incluso entre los dedos. Las de las manos crecen hasta cuatro veces más rápido que las de los pies, y las de los dedos largos, más rápido que las de los cortos. También influyen el ejercicio físico, la alimentación, pertenecer a uno u otro género y la época del año.

La capa externa de la piel de los animales es de queratina, la misma sustancia que forma las uñas.

CÓMO FUNCIONA

La parte visible de la uña es la placa ungueal. Se compone de células muertas endurecidas por una proteína llamada queratina. Debajo de la placa está el lecho ungueal, una capa viva formada por unas células cutáneas especiales. Las nuevas células se forman en la raíz y se desplazan hacia delante, se endurecen con la queratina y mueren. Las células tardan unos seis meses en avanzar de la raíz al borde.

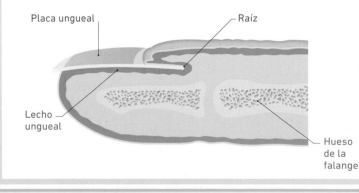

Placa ungueal

Raíz

Lecho ungueal

Hueso de la falange

¿A QUÉ RITMO CRECEN LAS UÑAS?

Las uñas crecen una media de 3,5 mm al mes, así que si no te las cortaras ni te las mordieras nunca, al final de tu vida cada una de ellas acabaría midiendo 3,4 m, más o menos el doble de lo que mides tú. Las uñas son unas herramientas de precisión con las que puedes abrir cosas haciendo palanca, cortar, sujetar y rascar. ¡Imagínate que tuvieras que rascarte una picadura sin ellas! También protegen la punta de los dedos y potencian el tacto.

Tus 10 dedos producen unos 34 m de uña a lo largo de toda tu vida, la longitud de siete elefantes puestos en fila.

Si te dejaras crecer mucho las uñas, no te crecerían rectas sino que se enrollarían.

DATOS Y CIFRAS

Las uñas crecen a la misma velocidad a la que los continentes se deslizan por la superficie de la Tierra.

Christine Walton, de Estados Unidos, tiene el récord mundial de uñas más largas. Si sumamos la longitud de todas sus uñas da un total de 6 m.

¿CUÁNTOS PELOS TIENES?

¡No te molestes en contarlos! En la cabeza tienes unos 100 000 pelos y otros 5 millones más en el resto del cuerpo. Casi todo tu cuerpo está cubierto de pelo. En el cuero cabelludo te crecen gruesos pelos terminales, que lo mantienen caliente y lo protegen de las quemaduras del Sol. En la mayor parte del resto de tu cuerpo te crecen diminutos pelos vellosos, salvo en los ojos, los labios, las palmas de la mano y las plantas de los pies.

El pelo de la cabeza es pelo terminal.

El pelo fino del cuerpo es pelo velloso.

DATOS Y CIFRAS

El color de pelo menos frecuente es el rojo. Menos de una persona de cada 50 es pelirroja. Es más habitual en Irlanda y Escocia.

Igual que los humanos, los monos y los simios no tienen pelos ni en las palmas de las manos ni en las plantas de los pies. Así les es más fácil agarrarse a las ramas de los árboles.

En reposo, un adulto produce alrededor de 1 litro de sudor al día. ¡Suficiente para llenar dos bañeras al año!

Un humano tiene la misma cantidad de pelos que un chimpancé: **5 millones.**

CÓMO FUNCIONA

El pelo y la piel tienen un papel clave para que la temperatura corporal sea la adecuada. Cuando tienes frío, la piel de gallina te ayuda a mantenerte caliente. Cuando tienes calor, en cambio, el sudor te refresca.

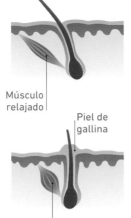

Músculo relajado

Piel de gallina

El músculo tira de la base del pelo

Cada pelo dispone de un músculo en la base que hace que este se erice cuando tienes frío o te asustas, provocando la piel de gallina. Cuando los pelos se erizan, atrapan más aire, lo que ayuda a mantener la piel caliente.

El sudor sale a través de millones de poros de la piel y al evaporarse refresca el cuerpo. Cuando un adulto está nervioso o asustado, su piel segrega un tipo de sudor graso y maloliente.

Glándula sudorípara normal

Glándula sudorípara grasa

La mayoría de los mamíferos están recubiertos por un pelo tupido y lanudo, como los chimpancés.

La mayoría de los mamíferos están recubiertos de un pelaje tupido que les ayuda a conservar el calor, pero los seres humanos son la excepción. Los pelos de nuestro cuerpo son tan finos que parece que estamos desnudos. El pelaje interferiría en nuestro sistema de refrigeración. La mayoría de los mamíferos se enfrían jadeando, pero los humanos se enfrían con el sudor, que al evaporarse se lleva el calor de la piel.

El 80 por ciento de la población mundial tiene el pelo moreno o castaño oscuro.

Los pelos de la cabeza suelen crecer durante 2-6 años y luego se caen. Su longitud depende de lo que tardan en caer. El pelo de la mayoría de las personas no sobrepasa la cintura, pero el récord mundial está en 5,6 m.

DATOS Y CIFRAS

Todo el pelo visible está muerto. Las células vivas están solamente en la raíz del pelo.

El pelo crece más rápido en verano que en invierno.

Los pelos de las cejas crecen solo durante cuatro meses, por eso no hace falta cortarlos.

Si el pelo no se te cayera y no te lo cortaras nunca, te crecería hasta siete veces tu estatura a lo largo de tu vida.

El pelo está compuesto por una sustancia dura llamada queratina, que también se encuentra en las uñas y la capa externa de la piel.

¿CUÁNTO
TE CRECE EL PELO?

Tú no lo notas, pero los pelos de la cabeza crecen alrededor de 1 cm al mes. En la cabeza tienes unos 100 000 pelos, así que produces 1 km de pelo al mes. Eso significa que a lo largo de tu vida produces un total de 1000 km de pelo, de manera que si extendieras un pelo al lado de otro, tendrías pelo suficiente como para llegar desde Madrid hasta París.

CÓMO FUNCIONA

Los pelos salen de unos hoyos diminutos llamados folículos. Estos no producen pelos continuamente, de vez en cuando se toman un respiro durante el que se forma un pelo nuevo y el viejo se cae. La mayor parte de los pelos de la cabeza duran solo unos años, de modo que no suelen crecer más de 1 m de largo.

Los folículos producen células nuevas en la raíz, que se endurecen, mueren y se transforman en una hebra de pelo que crece.

Con el tiempo, el folículo piloso se estrecha. Al final la raíz se separa del riego sanguíneo y el pelo deja de crecer.

Empieza a crecer un nuevo pelo en la base del folículo. El pelo viejo es expulsado hacia fuera.

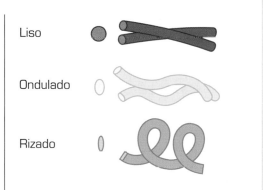

Liso

Ondulado

Rizado

El tipo del pelo depende de la forma de los folículos pilosos. Los folículos redondos producen pelos lisos, los folículos ovalados, pelos ondulados, y los folículos achatados, pelos rizados.

¿Qué es esto?

PESTAÑAS

Las pestañas protegen la delicada superficie de los ojos de las motas de suciedad. Son sumamente sensibles: cualquier cosa que las toca desencadena un parpadeo reflejo y hace que se cierre el párpado del todo para una mayor protección. En esta imagen obtenida con un microscopio electrónico se observan varias colas de ácaros en la base de los pelos. Estas criaturas, parientes de las arañas, viven en la piel de la mayoría de las personas.

Datos: piel, uñas y pelo

EL REINO DE LA QUERATINA

La **queratina** es una proteína que, además de estar en **el pelo y las uñas** y ayudar a **hacer más dura la piel**, se encuentra en muchas otras partes del **cuerpo de los animales**.

Garras

Escamas

Caparazón de las tortugas

Cuerno de rinoceronte
(los cuernos y las astas de otros animales son de hueso)

Picos

Plumas

Pezuñas

Espinas y púas

LA QUÍMICA DEL PELO

El pelo está compuesto por cinco **elementos básicos**. También contienen **trazas** de otros muchos elementos, entre ellos una cantidad minúscula de oro.

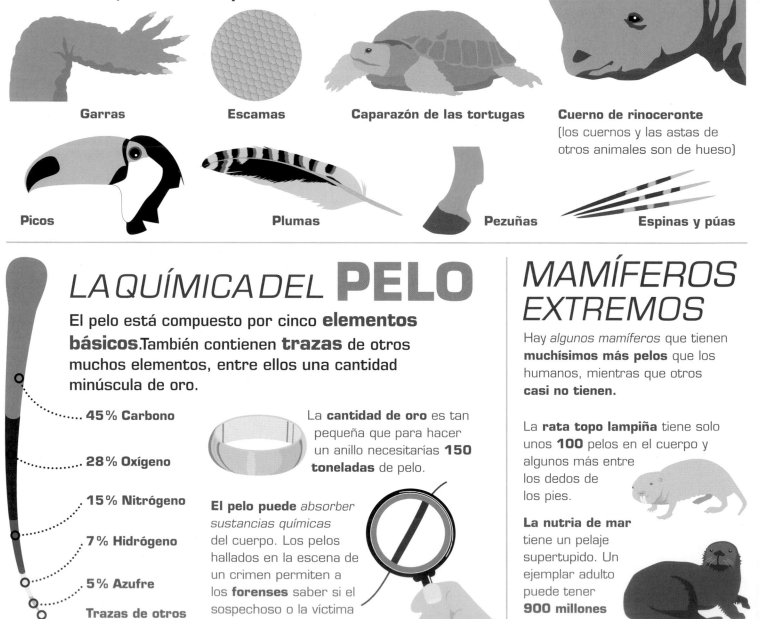

- **45 % Carbono**
- **28 % Oxígeno**
- **15 % Nitrógeno**
- **7 % Hidrógeno**
- **5 % Azufre**
- **Trazas de otros elementos**

La **cantidad de oro** es tan pequeña que para hacer un anillo necesitarías **150 toneladas** de pelo.

El pelo puede absorber sustancias químicas del cuerpo. Los pelos hallados en la escena de un crimen permiten a los **forenses** saber si el sospechoso o la víctima tomaba **medicinas o drogas**.

MAMÍFEROS EXTREMOS

Hay *algunos mamíferos* que tienen **muchísimos más pelos** que los humanos, mientras que otros **casi no tienen**.

La **rata topo lampiña** tiene solo unos **100** pelos en el cuerpo y algunos más entre los dedos de los pies.

La nutria de mar tiene un pelaje supertupido. Un ejemplar adulto puede tener **900 millones** de pelos.

SUDAR *LA CAMISETA*

Nuestro cuerpo produce más o menos **sudor** según el esfuerzo y el calor que haga.

Promedio:
1 litro al día

Ejercicio moderado:
6 litros al día

Ejercicio intenso con calor:
12 litros al día

GUÍA DEL ACNÉ

El acné es una afección cutánea que provoca la aparición de **granos** allí donde la grasa y las células muertas **tapan los poros de la piel.** *Los granos pueden ser de distintos tipos.*

Puntos negros
(poros tapados
abiertos)

Espinillas
(poros tapados
cerrados)

Pápulas
(bultitos rojos
blandos)

Pústulas
(pápulas
con pus)

Nódulos
(bultos grandes
y duros)

Quistes
(bulto grande
lleno de pus)

HUELLAS DACTILARES

Los **surcos papilares de las yemas** de los dedos tienen un diseño único. Pueden dibujar **arcos, espirales o bucles**. Cuando tocas algo, el sudor de tus yemas deja una **huella** característica.

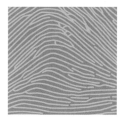  

Arcos (un 5%
de los dedos
presentan arcos)

Bucles (un 60%
de los dedos
presentan bucles)

Espirales (un 35%
de los dedos
tienen espirales)

RÉCORDS

▲ Uñas de los pies
En 1991, las uñas de los pies de la norteamericana **Louise Hollis** medían en conjunto **2,21 m**.

▲ Tatuajes
El neozelandés **Lucky Diamond Rich** tiene el **100 %** del cuerpo cubierto de tatuajes.

▶ Pelo
En 2004, el pelo de la china **Xie Qiuping** medía **5,6 m**, más que lo que suele medir una jirafa.

▲ Barba
Cuando el noruego-estadounidense **Hans Langseth** murió en 1927, su **barba** medía **5,3 m**.

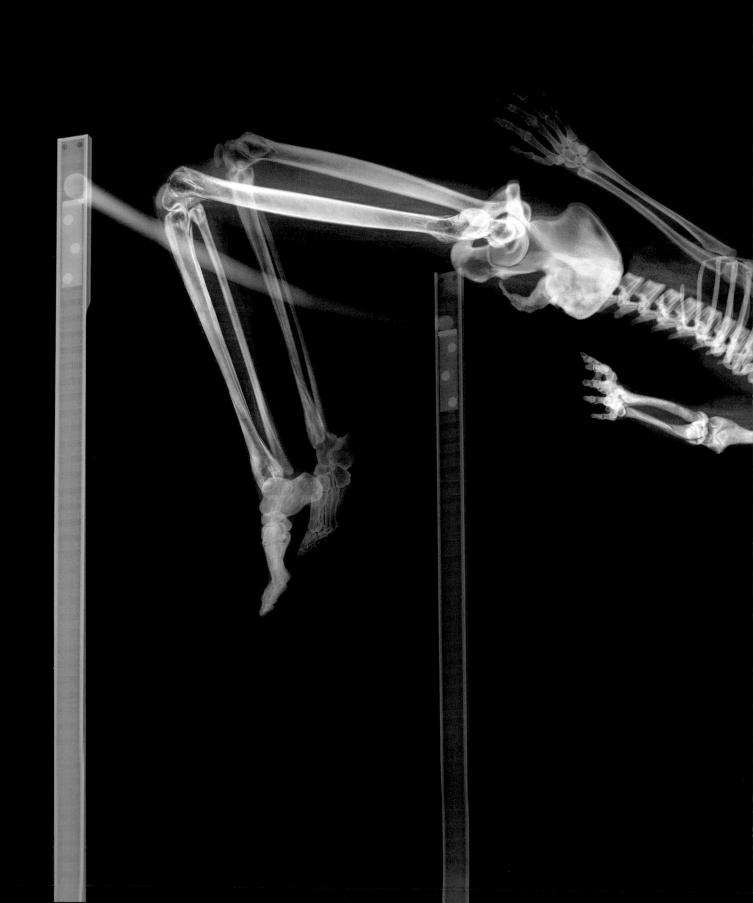

Ponte en movimiento

Aproximadamente la mitad de nuestro peso se debe a los huesos y los músculos. Huesos y músculos trabajan conjuntamente para formar una estructura móvil controlada por el cerebro. Los músculos esqueléticos se conocen también como músculos voluntarios porque tenemos un control absoluto sobre lo que hacen.

El cuerpo humano es capaz de realizar increíbles hazañas de fuerza y agilidad, pero hace falta entrenarse y practicar mucho para poder dominar técnicas tan complejas como el salto de altura.

El número de huesos del cuerpo depende de la edad. Un bebé recién nacido tiene unos 300 huesos, pero a medida que el esqueleto crece, algunos de ellos se van fusionando. A los 25 años, el esqueleto humano cuenta con tan solo 206 huesos.

Cada brazo dispone de 30 huesos, entre ellos los 27 de la mano y la muñeca.

Al nacer, el cráneo está compuesto por 22 huesos. Los bebés tienen algunos separados, que luego poco a poco se van fusionando durante la infancia.

¿CUÁNTOS
HUESOS
TIENES?

Si no tuvieras un esqueleto que te sostuviera, tu cuerpo no sería más que un montón de carne informe. El esqueleto tiene hasta 300 huesos unidos entre sí mediante articulaciones y rodeados de más de 600 músculos. Gracias a este armazón podemos andar, bailar, encaramarnos a un árbol y montar en bicicleta. El esqueleto también protege nuestros órganos, almacena minerales y produce el 95 por ciento de nuestras células sanguíneas.

DATOS Y CIFRAS

La mayoría de los animales grandes tienen endoesqueleto, es decir, un esqueleto dentro del cuerpo. Muchos animales pequeños, en cambio, tienen un exoesqueleto, o sea, un esqueleto externo.

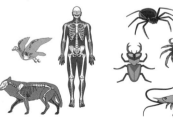

Endoesqueletos   Exoesqueletos

Los tiburones no tienen ningún hueso. Su esqueleto interno está formado por un tejido duro y gomoso llamado cartílago.

Los dos huesos de la cadera tienen tres partes que se fusionan en la adolescencia, formando una robusta plataforma que sostiene el peso del cuerpo.

La columna es un conjunto de 33 huesos (vértebras).

La caja torácica está formada por 12 pares de costillas. Una de cada 500 personas tiene un par adicional.

Una persona adulta tiene **206 huesos,** pero el esqueleto de un bebé tiene unos **300.**

CÓMO FUNCIONA

Tu esqueleto no se limita a sostener tu cuerpo, sino que desempeña cinco funciones básicas, todas esenciales.

Protección. Algunos huesos, como el cráneo y las costillas, protegen los órganos internos.

Movimiento. Las articulaciones flexibles que conectan los huesos permiten que el cuerpo se mueva y cambie de forma.

Anclaje. Los huesos dan a los músculos algo a lo que sujetarse y de lo que tirar para mover el cuerpo.

Riego sanguíneo. Los huesos grandes contienen médula ósea, un tejido blando que produce células sanguíneas.

Soporte. La función más importante del esqueleto es mantener el cuerpo erguido y darle forma.

El hueso más largo y fuerte del cuerpo es el fémur (hueso del muslo).

Cada pierna dispone de 30 huesos, entre ellos los 26 del pie y el tobillo.

¿CUÁN FUERTES SON
TUS HUESOS?

En comparación, el hueso es más fuerte que el acero y cuatro veces más fuerte que el hormigón. Debe su gran fortaleza a su especial estructura. Un hueso no es totalmente sólido: su interior tiene forma de panal con cavidades y pilares entrecruzados. De este modo, el hueso es ligero, pero capaz de soportar fuertes presiones.

Los huesos más fuertes del cuerpo son los huesos del muslo (fémures), que pueden aguantar, en tiempos breves, una presión de hasta 30 veces el peso del cuerpo. Quizá te parezca exagerado, pero acciones como correr o saltar generan una presión mucho mayor que la de tu peso. Los huesos largos como los fémures pueden soportar esa presión cuando se ejerce verticalmente, pero si se trata de una presión lateral repentina, pueden doblarse y fracturarse.

Cuatro fémures humanos pueden sostener un vehículo de 6 toneladas.

Visto a través de un microscopio, el interior de un hueso grande parece una esponja. Los huesos pesan poco gracias a sus cavidades.

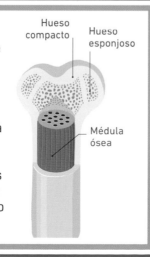

CÓMO FUNCIONA

Los huesos están formados por varias capas. La más fuerte es la externa, que se conoce como hueso compacto. Está repleto de fosfato de calcio, el mineral que da dureza a los dientes. En la parte interior está el hueso esponjoso, que tiene una serie de cavidades que disminuyen su peso. Los huesos grandes tienen el centro hueco; en el centro hay un tejido blando llamado médula ósea.

Hueso compacto
Hueso esponjoso
Médula ósea

DATOS Y CIFRAS

El hueso más fuerte del mundo podría ser el fémur del rinoceronte. Se estima que puede aguantar unas 100 toneladas.

Casi la tercera parte de lo que pesa un hueso se debe a las fibras de colágeno, un tipo de proteína elástica. Estas fibras están incrustadas en las partes duras de los huesos y contribuyen a que sean ligeramente elásticos, lo que hace más difícil que se rompan.

¿Qué es esto?

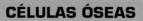

CÉLULAS ÓSEAS

Ni siquiera las partes
más duras de los huesos
son totalmente sólidas.
Están llenas de cavidades
diminutas (las manchas
negras de esta imagen
microscópica) con una
célula ósea viva. Estas
células óseas reparan y
remodelan continuamente
el hueso sólido de su
alrededor. Si haces
ejercicio, los huesos
construyen capas de
minerales cristalinos en
cilindros concéntricos,
como los anillos del
tronco de un árbol.
Eso les da una gran
fortaleza, pero también
cierta flexibilidad.

¿CUÁNTOS HUESOS TIENE TU CRÁNEO?

El cráneo funciona como un casco integral que protege el cerebro de posibles daños. Es un rompecabezas de múltiples huesos que están unidos por unas articulaciones que no pueden moverse. La única excepción es la mandíbula, o hueso mandibular, que se mueve cuando hablas o cuando comes. Además de proteger el cerebro, el cráneo alberga los principales órganos de los sentidos: las orejas, los ojos, la boca y la nariz.

DATOS Y CIFRAS

Los bebés presentan unos espacios cubiertos de tejido blando entre las placas óseas. Estos espacios, llamados fontanelas, son flexibles y se aplastan ligeramente durante el alumbramiento. Por eso a veces los recién nacidos tienen la cabeza un poco puntiaguda.

Fontanela

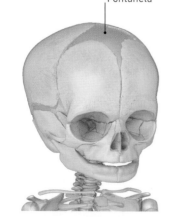

Cráneo de un bebé dos meses antes del nacimiento

La parte superior es propiamente el cráneo (cavidad craneal) y alberga el cerebro. Está formado por ocho placas óseas unidas por articulaciones fijas que forman una bóveda rígida. Las partes óseas de tu cara, incluidas las cuencas de los ojos, la nariz y la boca, incluyen un total de 14 huesos. La mayoría de los huesos faciales están duplicados, uno a cada lado de la cabeza.

En el cráneo hay **22 huesos**, pero solo uno, la **mandíbula**, es móvil.

Los huesos parietales, a derecha e izquierda, son los huesos más grandes del cráneo (cavidad craneal) y forman su techo.

El hueso frontal forma la frente.

El hueso temporal tiene un agujero para el canal auditivo.

El término científico para el pómulo es hueso cigomático.

La mandíbula se mueve hacia abajo para abrir la boca y hacia arriba para morder.

CÓMO FUNCIONA

Si comparas un cráneo humano con el de nuestros parientes más cercanos, los simios, verás algo curioso. Como la mayoría de los mamíferos, los simios tienen el morro alargado y una cavidad craneal pequeña. Nosotros tenemos la cara plana, la frente sobresale y nuestra cavidad craneal es grande y tiene forma de globo. La diferencia se debe al cerebro, que ha triplicado su tamaño durante los últimos 3 millones de años de evolución. Un cerebro más grande dio a nuestros antepasados unas habilidades especiales que les ayudaron a sobrevivir, como el lenguaje y la capacidad de crear herramientas.

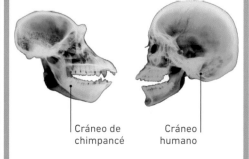

Cráneo de chimpancé

Cráneo humano

¿CUÁNTOS HUESOS TIENES EN LAS MANOS Y LOS PIES?

¡Los extremos de tus brazos son muy útiles! Las manos son la mejor herramienta multiusos que existe. Las usas para empujar y tirar, para agarrar y sostener, para manipular las cosas. Los pies, en cambio, basta con que hagan una sola cosa realmente bien: mantenerte erguido. En estas tareas intervienen muchos huesos: 27 en cada mano y 26 en cada pie. Eso hace un total de 106 huesos, más que el resto de los huesos.

CÓMO FUNCIONA

Junta la punta del pulgar con la del resto de los dedos. Solo los seres humanos pueden hacerlo. Esta habilidad única nos permite manipular objetos con más destreza que cualquier otro animal. Tus pulgares te permiten agarrar los objetos de dos formas básicas.

La fuerza de agarre se usa para asir un objeto con fuerza, rodeándolo con los dedos y el pulgar. Se usa para trepar, lanzar una pelota y sostener objetos pesados.

El agarre de precisión se usa para sujetar objetos pequeños con la punta del pulgar y de uno o más dedos. No es tan firme como la fuerza de agarre, pero es muy útil para tareas delicadas, como atar los cordones de los zapatos o escribir.

Los huesos de tus pies están puestos de un modo parecido a los de las manos. Pero los de los pies son más gruesos, para soportar el peso de tu cuerpo. Y los huesos de los dedos del pie son más cortos que los de los dedos de las manos, ya que no se usan para agarrar cosas.

Más de **la mitad de los huesos** del esqueleto están en las manos y los pies.

Los dedos del pie están formados por tres pequeños huesos llamados falanges (excepto el dedo gordo, que tiene dos). Hacen que los dedos sean flexibles.

DATOS Y CIFRAS

Cuando andas, la parte delantera y trasera del pie soportan el peso de tu cuerpo, mientras que la parte central apenas toca el suelo. Ello se debe a que los pies tienen un arco que absorbe el impacto y da elasticidad, fundamental para correr.

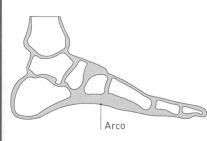

Arco

Cinco hueso largos llamados metatarsianos forman la parte central del pie. Dan elasticidad al pie cuando andas.

El hueso del talón es el más grande y fuerte del pie. Cuando andas o corres, al apoyar el pie en el suelo este hueso aguanta todo el peso de tu cuerpo.

¿CÓMO SE SUELDAN LOS HUESOS?

Los huesos están compuestos por un material resistente, pero si se tuercen, doblan o golpean con excesiva fuerza, se fracturan. Por suerte, están formados por tejidos vivos capaces de regenerarse. El proceso de curación empieza justo después de la rotura. Unas células especiales ocultas en el interior del hueso cobran vida y se multiplican rápidamente para repararlo provisionalmente. Durante los meses siguientes, dicha reparación se remodela y refuerza hasta que el hueso queda como nuevo.

Un hueso roto puede tardar **un año o más** en **soldarse del todo** y recuperar toda la fuerza.

Esta placa de metal atornillada al hueso roto del brazo mantiene los fragmentos en su sitio hasta que se vuelven a soldar.

Las placas y los clavos son de un metal que no se oxida.

DATOS Y CIFRAS

Las fracturas de hueso pueden ser muy dolorosas, pero ese dolor es bueno. Te ayuda a mantener la parte lesionada inmóvil mientras el hueso se suelda.

Al tratar una fractura ósea, a veces los médicos tienen que realinear las partes rotas antes de que el hueso se suelde. Es la única forma de lograr que el hueso recupere su forma previa.

Es importante que el hueso esté inmóvil mientras se suelda. Por eso suele enyesarse, aunque en casos más graves los cirujanos fijan las partes rotas con placas y clavos de metal para que no se muevan.

CÓMO FUNCIONA

Sangre coagulada

A las pocas horas de producirse la fractura, la sangre inunda el corte y forma un coágulo sólido. La zona que rodea el hueso se hincha y duele.

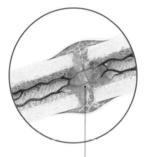

El coágulo es reemplazado por cartílago.

Tras una semana, el coágulo es reemplazado por un tejido duro y gomoso llamado cartílago. Este forma un callo óseo sobre la fractura, que no es tan fuerte como el hueso.

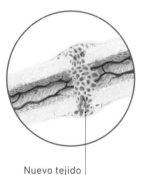

Nuevo tejido óseo

Tras uno o dos meses, crecen unos montantes de hueso sobre el cartílago, que unen con fuerza los fragmentos. Ya se puede quitar el yeso.

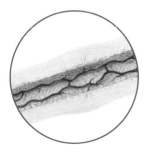

Al cabo de un año, las células óseas remodelan la zona: absorben los montantes de hueso y fijan hueso nuevo más sólido. El hueso recupera su forma anterior.

¿CÓMO FUNCIONAN TUS
ARTICULACIONES?

Si el esqueleto no tuviera articulaciones, tu cuerpo permanecería inmóvil como una estatua. Las articulaciones son los puntos de unión entre los huesos. Igual que una bisagra en una puerta, mantienen unidas dos partes sólidas pero permitiendo que se muevan por separado. En tu esqueleto hay cientos de articulaciones y muchas de ellas funcionan como las partes móviles de una máquina. Así por ejemplo, los codos funcionan como las bisagras, pero los hombros son una articulación a rótula, que funciona como los *joysticks* del mando de un juego.

La articulación condilea funciona como las articulaciones a rótula, pero no es tan redondeada. Permite gran variedad de movimientos, pero rotación limitada.

Las articulaciones a rótula de los hombros y de las caderas te permiten mover los brazos y las piernas en todas las direcciones.

CÓMO FUNCIONA

Igual que las partes móviles de una máquina, las articulaciones necesitan lubricación para funcionar. Las articulaciones móviles están en una cápsula hermética llena de un líquido lubricante que permite que los huesos se desplacen uno junto al otro sin rasparse. Los extremos de los huesos están recubiertos de una sustancia lisa llamada cartílago articular. Los ligamentos, unas bandas de tejido fibroso, mantienen unidos los huesos y evitan que se separen.

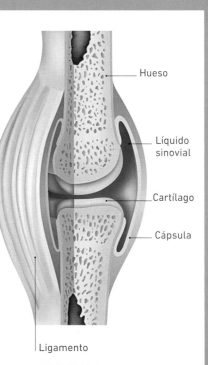

Hueso

Líquido sinovial

Cartílago

Cápsula

Ligamento

Entre los huesos de tu columna hay unos pequeños cojinetes de un tejido que absorbe el impacto. Mantienen los huesos unidos, pero permiten cierto movimiento, de modo que puedes flexionar el cuello y la espalda.

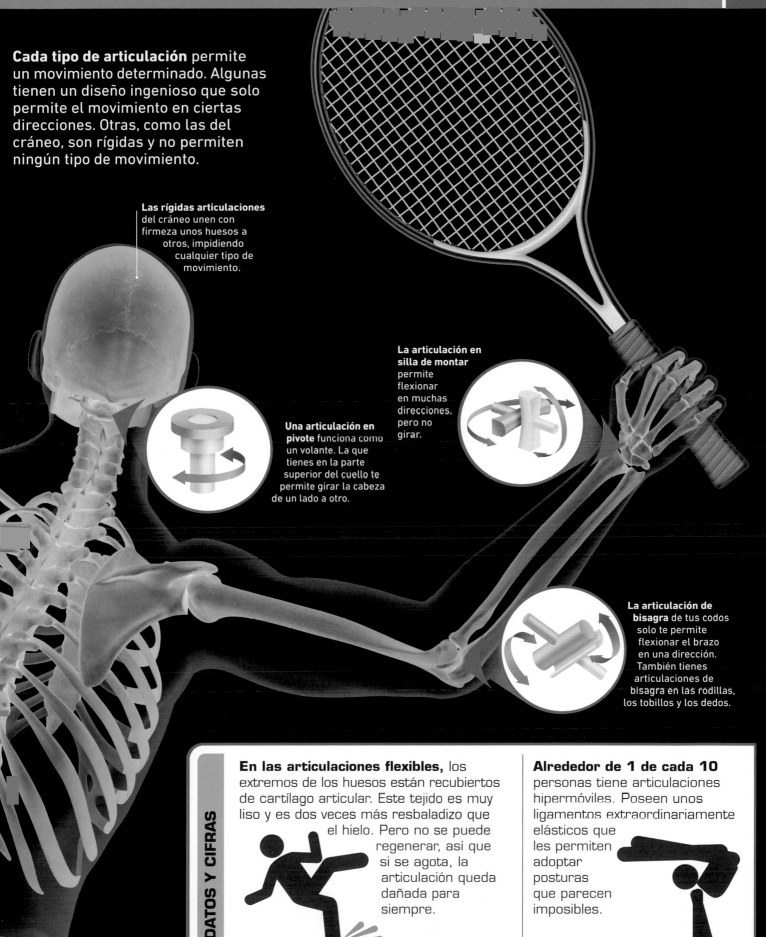

Cada tipo de articulación permite un movimiento determinado. Algunas tienen un diseño ingenioso que solo permite el movimiento en ciertas direcciones. Otras, como las del cráneo, son rígidas y no permiten ningún tipo de movimiento.

Las rígidas articulaciones del cráneo unen con firmeza unos huesos a otros, impidiendo cualquier tipo de movimiento.

Una articulación en pivote funciona como un volante. La que tienes en la parte superior del cuello te permite girar la cabeza de un lado a otro.

La articulación en silla de montar permite flexionar en muchas direcciones, pero no girar.

La articulación de bisagra de tus codos solo te permite flexionar el brazo en una dirección. También tienes articulaciones de bisagra en las rodillas, los tobillos y los dedos.

DATOS Y CIFRAS

En las articulaciones flexibles, los extremos de los huesos están recubiertos de cartílago articular. Este tejido es muy liso y es dos veces más resbaladizo que el hielo. Pero no se puede regenerar, así que si se agota, la articulación queda dañada para siempre.

Alrededor de 1 de cada 10 personas tiene articulaciones hipermóviles. Poseen unos ligamentos extraordinariamente elásticos que les permiten adoptar posturas que parecen imposibles.

¿CUÁNTOS MÚSCULOS HAY EN TUS DEDOS?

Los dedos de la mano son la parte más ágil de tu cuerpo. Con ellos puedes hacer una serie interminable de tareas, desde tocar la guitarra hasta hurgarte la nariz. Lo más sorprendente es que hacen todas esas cosas por control remoto. Los dedos de la mano no tienen músculos; en los brazos hay unos músculos que tiran de ellos con unos cordones llamados tendones, parecidos a los hilos con los que se mueven las marionetas. Mueve los dedos y verás cómo se mueven los tendones del dorso de tu mano.

Los tendones sujetan la parte superior e inferior de los dedos y conectan los huesos de los dedos con los músculos del antebrazo. Cuando los tendones superiores tiran, los dedos se enderezan. Cuando los que tiran son los inferiores, los dedos se doblan.

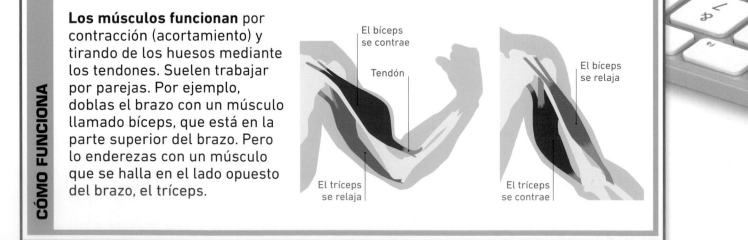

CÓMO FUNCIONA

Los músculos funcionan por contracción (acortamiento) y tirando de los huesos mediante los tendones. Suelen trabajar por parejas. Por ejemplo, doblas el brazo con un músculo llamado bíceps, que está en la parte superior del brazo. Pero lo enderezas con un músculo que se halla en el lado opuesto del brazo, el tríceps.

El bíceps se contrae

Tendón

El tríceps se relaja

El bíceps se relaja

El tríceps se contrae

No tienes ni un solo músculo en los dedos de la mano.

En la muñeca, como si fuera la correa de un reloj, una tira de tejido mantiene los tendones en su sitio.

Cada pulgar es controlado por nueve músculos distintos.

El dedo anular se mueve a la vez que el dedo corazón porque están conectados al mismo músculo.

Los músculos de las palmas mueven los dedos de un lado a otro.

DATOS Y CIFRAS

El tendón más fuerte del cuerpo es el tendón de Aquiles, que sujeta el músculo de la pantorrilla al talón. Es ligeramente elástico, lo que amortigua tu pisada cuando corres.

Tendón de Aquiles

Los músculos son buenos generando calor. La mayor parte del calor que genera tu cuerpo procede de las células contráctiles de los músculos. Si tienes frío, los músculos generan más calor tiritando.

CÉLULAS MUSCULARES

Las fibras rojas de esta imagen de microscopio electrónico son células musculares. Estas células pueden llegar a medir varios centímetros de largo y forman haces compactos. En su interior hay miles de moléculas de proteínas de cadena larga que pueden entrelazarse y deslizarse una sobre otra a gran velocidad, haciendo que la célula muscular se acorte. Esta contracción es lo que mueve el cuerpo humano.

¿Qué es esto?

Datos: músculos y esqueleto

LA COLUMNA

La **columna vertebral**, o espina dorsal, está formada por 26 **vértebras**. Entre ellas hay unos discos de cartílago flexible que funcionan como *amortiguadores* y absorben el impacto.

La columna de un adulto incluye...
26 vértebras
100 articulaciones
Más de 120 músculos
Unos 220 ligamentos

Al nacer tienes 33 vértebras, pero cuando creces algunas de las inferiores se fusionan, y quedan 26.

LOS HUESOS *MÁS* CAROS

Los **huesos de dinosaurio** más caros de la historia son los de un *Tyrannosaurus rex* llamado **Stan**. Se subastaron en 2020 por **31,8 millones de dólares**.

31 800 000 $

Stan mide unos 12 m de largo y 4 m de alto.

CAMBIOS *EN EL ESPACIO*

La ingravidez propia del espacio *pasa factura* al cuerpo de los **astronautas**. Cuando el cuerpo no tiene que luchar contra la **gravedad de la Tierra**, los huesos se vuelven *menos densos* y los músculos *se atrofian*.

Huesos: –10%
Los astronautas que están en órbita pueden perder el **10 por ciento de su** *masa ósea* en **seis meses**. Al regresar a la Tierra pueden tardar hasta cuatro años en *recuperarla*.

Músculos: –20%
Una misión espacial que dure **5-11 días** puede provocar la pérdida de un **20 por ciento** de la *masa muscular*.

Los músculos se contraen.

Los huesos se vuelven menos densos y más frágiles.

La columna se alarga.

Altura: +3%
Los astronautas pueden ser hasta un **3 por ciento** más altos en el espacio. Con la falta de gravedad, los discos de la columna se expanden y *la columna se alarga*.

Ejercicio: +2,5 h
Para que **músculos y huesos** no *se deterioren*, los astronautas de la Estación Espacial Internacional *deben hacer* **2,5 horas** de *ejercicio* cada día.

MÚSCULOS
PRODIGIOSOS

Todos los músculos del cuerpo *desempeñan tareas vitales*, pero algunos destacan por su **potencia**, **tamaño** o por **trabajar sin tregua**. Aquí tienes algunos de los músculos *más destacados*.

▶ Más grande

Glúteo mediano

El músculo más grande es el **glúteo mediano** de tu trasero. Endereza la cadera y te mantiene erguido.

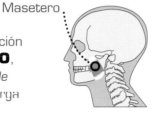

▶ Más fuerte

Masetero

El músculo más fuerte en proporción a su tamaño es el **masetero**, el más potente de los *músculos de la masticación*. Es el que se encarga de cerrar la boca.

▶ Más largo

Sartorio

El **músculo sartorio**, que puede llegar a medir **60 cm** de longitud, es el músculo más largo. Se extiende en *diagonal* por el **muslo** hasta el interior de la **rodilla**.

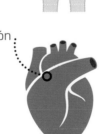

▶ Trabajo más duro

Corazón

El músculo que más trabaja es el **corazón**. *Empieza a latir* cuando estás en el **útero** y no para hasta el día que **mueres**.

▶ Más activo

Músculo ocular

Los músculos más atareados son los que **mueven los ojos**. Se mueven **100 000 veces** al día (e incluso por la noche *mientras duermes*).

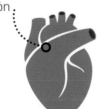

▶ Más pequeño

Estapedio

El **estapedio**, que está conectado al diminuto estribo de tu *oído medio*, es el músculo más pequeño del cuerpo. Mide poco más de **1 mm** de largo.

ESQUELETO Y
PESO CORPORAL

En las criaturas más grandes, un *mayor porcentaje* del peso corporal del animal se debe al **esqueleto**. La razón es que los **animales grandes** necesitan *huesos más fuertes* para sostener su **pesado cuerpo**.

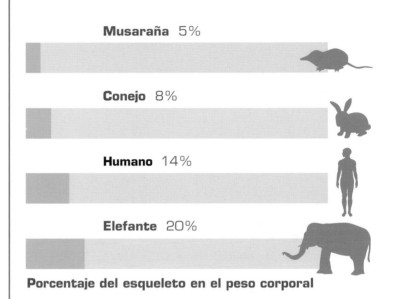

Musaraña 5%

Conejo 8%

Humano 14%

Elefante 20%

Porcentaje del esqueleto en el peso corporal

EL VIAJE DE
TU VIDA

Puedes *desplazarte* gracias al **esqueleto y a los músculos**. Si consigues llegar a los **80 años**, habrás dado unos **220 millones** de pasos y habrás recorrido **177 000 km**. El equivalente a dar la vuelta al mundo cuatro veces.

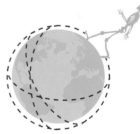

MISTERIOSOS
CHASQUIDOS

Los científicos no saben por qué podemos chascar las **articulaciones de los dedos y los nudillos**. Podrían ser las *burbujas de gas* que se forman en el **líquido sinovial** de las articulaciones, que acaban **estallando**.

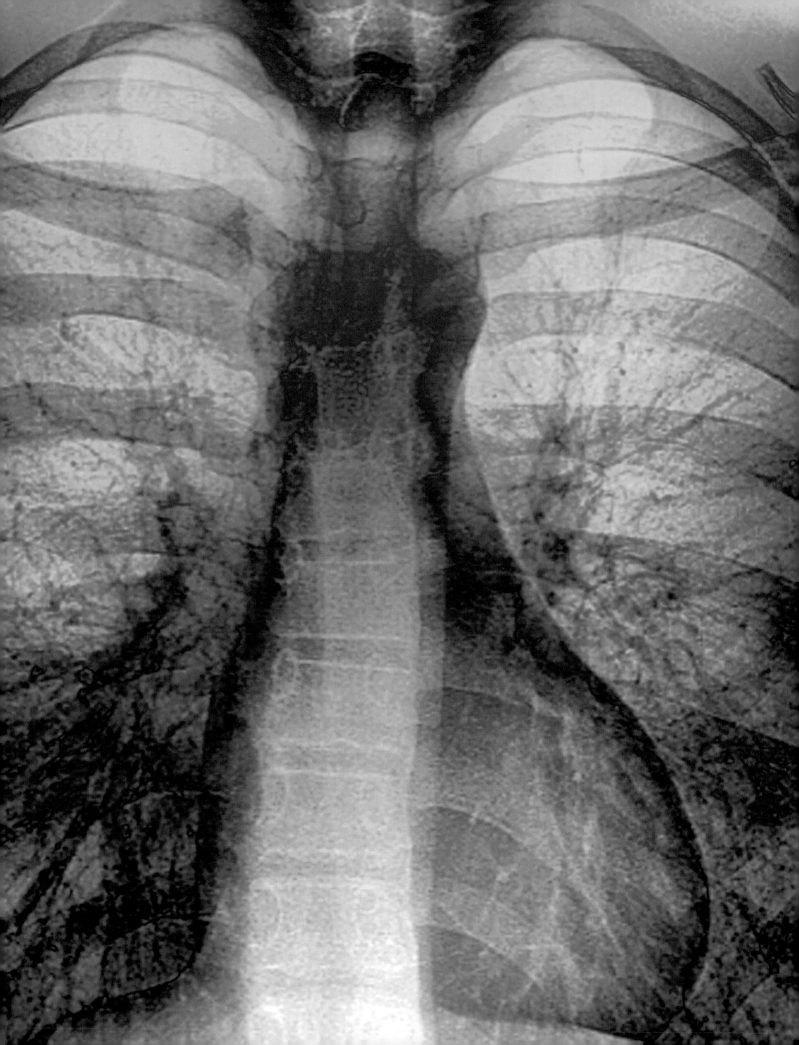

Red de transporte

Tu corazón late unas 100 000 veces al día, y con cada latido se contrae para bombear la sangre por el cuerpo. El corazón y la sangre forman el aparato circulatorio de tu cuerpo, una red de transporte que mantiene vivas todas tus células.

El corazón y los pulmones llenan por completo el espacio interior de la caja torácica de una persona. El tejido blando de los pulmones (en azul), que apenas se aprecia en esta radiografía de tórax, aparece como un espacio vacío. El bulto grande de la parte inferior es el corazón.

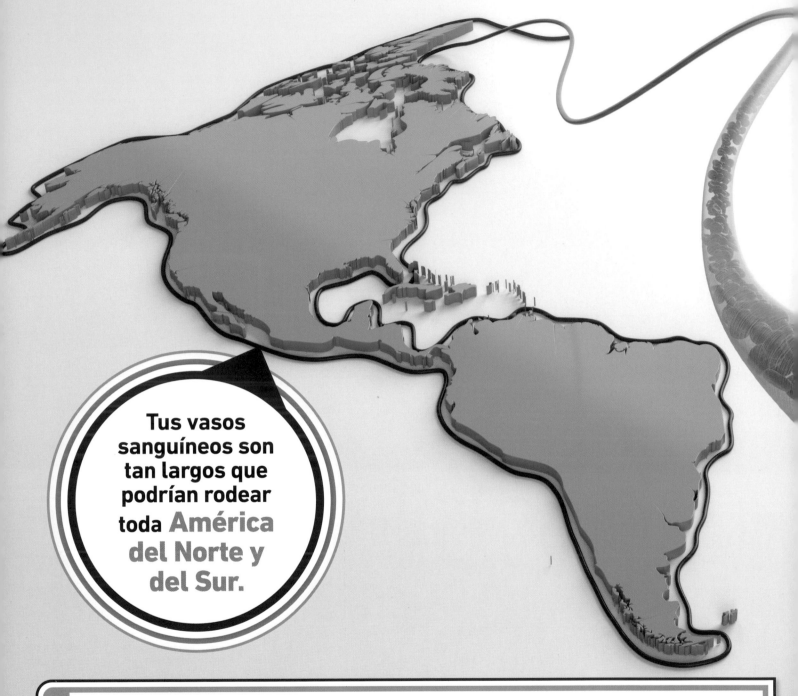

Tus vasos sanguíneos son tan largos que podrían rodear toda **América del Norte y del Sur.**

CÓMO FUNCIONA

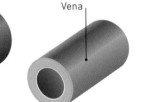

Arteria   Vena   Capilar

Hay tres tipos de vasos sanguíneos. Las arterias son unos vasos de paredes gruesas que llevan la sangre desde el corazón hasta los tejidos. Las venas, de paredes finas, la devuelven al corazón. Entre ambos están los capilares, unos vasos diminutos que llegan a todas las células del cuerpo.

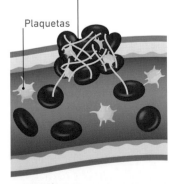

El coágulo detiene el sangrado.

Plaquetas

Si te cortas, unas células diminutas llamadas plaquetas se agrupan formando una red de fibras que atrapan las células sanguíneas. Las células atrapadas forman un coágulo sólido que tapona la herida.

Si los extendieras uno al lado del otro, tus vasos sanguíneos podrían rodear toda América del Norte y del Sur, o rodear el ecuador de la Tierra dos veces y media. La mayor parte del aparato circulatorio está formado por unos vasos sanguíneos diminutos llamados capilares, que son solo un poco más anchos que una célula sanguínea.

Tu sangre debe su color a billones de células en forma de disco repletas de una sustancia química de color rojo intenso que transporta el oxígeno.

¿CUÁNTO MIDEN LOS VASOS SANGUÍNEOS?

¡La red de transporte más larga del mundo está en tu interior! Tu red de vasos sanguíneos se extiende unos 100 000 km a lo largo y ancho de tu cuerpo. ¡Alucinante! El flujo sanguíneo circula por este laberinto interminable de tubos suministrando oxígeno, nutrientes y otras sustancias esenciales a cada célula, y llevándose los desechos. Esta vasta red de reparto recibe el nombre de aparato circulatorio.

¿QUÉ TAMAÑO TIENEN LAS CÉLULAS SANGUÍNEAS?

La sangre es un tejido líquido formado por unas células muy pequeñas que flotan en un fluido. Un glóbulo rojo mide menos de una centésima de milímetro de ancho: necesitarías 5000 para cubrir este punto. Las células sanguíneas transportan el oxígeno por el cuerpo y deben ser pequeñas para poder pasar por los vasos sanguíneos más estrechos, más finos que un cabello. Las células sanguíneas contienen dos terceras partes del hierro del cuerpo. Los átomos de hierro se unen a las moléculas de oxígeno en los pulmones y liberan el oxígeno en otras partes del cuerpo, lo que te mantiene vivo.

Un cubo de sangre de 1 mm de lado contiene **5 millones** de glóbulos rojos.

Los glóbulos rojos son las células más numerosas del cuerpo. Tienes unos 25 billones de glóbulos rojos, el 84 por ciento de tus células. Tienen forma de dónut sin agujero. Esta forma les ayuda a circular sin pegarse entre sí.

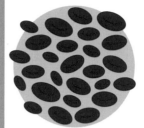

1 mm

1 mm

CÓMO FUNCIONA

La sangre tiene cuatro ingredientes: los glóbulos rojos, los glóbulos blancos, las plaquetas y el plasma.

Los glóbulos rojos están repletos de una sustancia roja llamada hemoglobina, que da a la sangre su color. En cada molécula de hemoglobina hay cuatro átomos de hierro que pueden combinarse con el oxígeno.

Glóbulo blanco

Los glóbulos blancos buscan gérmenes invasores, a los que atacan y destruyen.

Las plaquetas son unas células diminutas que cicatrizan las heridas formando coágulos sanguíneos.

Plaqueta

El plasma es un líquido amarillo que contiene miles de sustancias disueltas, entre ellas moléculas de alimentos que le dan energía a tu cuerpo.

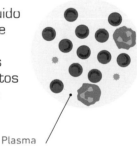

Plasma

La médula ósea roja es un tejido que está dentro de los huesos huecos y que produce glóbulos rojos. Cada segundo, tu médula ósea produce 2,4 millones de glóbulos rojos nuevos, y una cantidad idéntica de células viejas y gastadas son destruidas y recicladas.

¿CUÁNTA SANGRE BOMBEA TU CORAZÓN?

El corazón es el motor de tu cuerpo. Este órgano muscular bombea sangre continuamente hasta cada rincón de tu cuerpo, de la cabeza a los pies. A diferencia de otro tipo de músculos, el músculo cardíaco trabaja sin parar, y no se cansa ni se toma un respiro. Tu corazón late alrededor de una vez por segundo durante todos los días de tu vida, unos 3000 millones de latidos en total.

En toda tu vida, el corazón bombea tanta sangre que **llenaría un petrolero.**

DATOS Y CIFRAS

El corazón de las tortugas sigue latiendo durante varias horas tras su muerte. Las células nerviosas del corazón siguen estimulando el músculo hasta que se queda sin energía.

Los pulpos tienen tres corazones. Uno bombea sangre por el cuerpo y los otros, hacia las branquias.

Las medusas no tienen corazón. Tampoco tienen cerebro. Alrededor del 95 por ciento de su cuerpo es agua.

Con cada latido, tu corazón bombea unos 140 ml de sangre, lo que hace un total de 10 litros por minuto, 5 millones de litros al año y más de 400 millones de litros a lo largo de tu vida, más o menos lo que cabe en un superpetrolero.

CÓMO FUNCIONA

Tu corazón son dos bombas en una. Una mitad bombea la sangre hacia los pulmones para recoger el oxígeno del aire (en azul). La otra mitad bombea la sangre rica en oxígeno (en rojo) por todo el cuerpo. Hace falta más fuerza para transportar la sangre por todo el cuerpo, así que uno de los lados tiene un músculo más grueso. Por eso el corazón es asimétrico. Ambos lados están divididos en dos cámaras: la superior para la sangre que entra y la inferior, más musculosa, para bombearla hacia fuera.

Sangre usada hacia los pulmones

Sangre fresca de los pulmones

Sangre usada del cuerpo

Sangre fresca hacia el cuerpo

Las válvulas impiden que la sangre retroceda

Pared gruesa de la cámara inferior

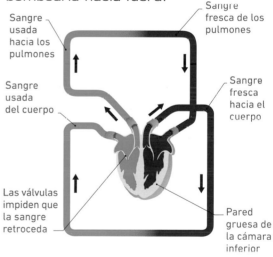

Cuando estás asustado o excitado, tu cuerpo se pone en estado de alerta y libera una hormona llamada adrenalina en la sangre. La adrenalina hace que tu corazón lata más rápido para que llegue más oxígeno a tus músculos y tu cerebro. Así puedes reaccionar con más rapidez.

DATOS Y CIFRAS

Si dispusieras todos los conductos de los pulmones uno al lado del otro, medirían unos 2400 km, lo suficiente para cubrir una cuarta parte de la Luna.

Las vías respiratorias de tus pulmones producen unos 2 litros de un líquido viscoso llamado moco. Los mocos atrapan el polvo que inspiras y tienen antibióticos naturales que combaten las bacterias.

¿QUÉ TAMAÑO TIENE
EL PULMÓN?

Todas y cada una de las células de tu cuerpo necesitan oxígeno. Tus pulmones, dos órganos que parecen esponjas y ocupan la mayor parte de tu pecho, llevan oxígeno al cuerpo cada vez que inspiras y eliminan el dióxido de carbono residual cuando espiras. El aire viaja por una red de conductos huecos que hay dentro de los pulmones hasta llegar a millones de bolsas de aire diminutas, donde es absorbido por el torrente sanguíneo.

Las diminutas bolsas de aire de tus pulmones se llaman alvéolos. Son más pequeños que un grano de arena, pero como hay unos 300 millones en cada pulmón, entre todos abarcan una superficie de 100 metros cuadrados. ¡Increíble! Gracias a esta vasta superficie, tus pulmones pueden intercambiar los gases con gran rapidez.

CÓMO FUNCIONA

El aire llega a los pulmones a través de un tubo llamado tráquea. Esta vía respiratoria principal se divide una y otra vez, como el tronco de un árbol con ramas cada vez más finas, hasta llegar a los alvéolos.

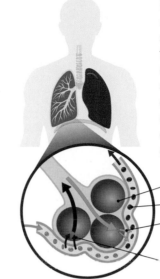

Los alvéolos están rodeados por unos vasos sanguíneos de paredes finas en los que la sangre obtiene el oxígeno del aire y libera dióxido de carbono para que lo expulses. Luego las células sanguíneas llevan el oxígeno por el cuerpo.

Alvéolo

Célula sanguínea

El oxígeno se desplaza desde los alvéolos hasta la sangre.

El dióxido de carbono se desplaza desde la sangre hasta los alvéolos.

Una pista de bádminton tiene un área de 82 m².

La superficie conjunta de los alvéolos es más grande que una **pista de bádminton.**

¿CUÁNTO AIRE
RESPIRAS?

En reposo, respiras unas 12 veces por minuto, es decir, más de 6 millones de veces al año. No tienes que pensar en respirar, ya que es algo que sucede de forma automática y que controla la parte inferior de tu cerebro (tronco encefálico). Cuando estás activo, el tronco encefálico siente que necesitas más oxígeno y hace que respires más rápido y de forma más profunda. Los sustos y las sorpresas también activan tu tronco encefálico, que te hace jadear, lo que prepara tu cuerpo para la acción.

Durante tu vida respiras tanto aire que podrías llenar 100 globos aerostáticos.

DATOS Y CIFRAS

Los astronautas de la Estación Espacial Internacional reciclan la orina a fin de obtener agua para beber y oxígeno para respirar.

En el buceo libre o apnea, los buceadores compiten para ver hasta dónde pueden nadar bajo el agua aguantando la respiración. El récord mundial está en 202 m.

Cantar con regularidad puede aumentar la cantidad de aire que eres capaz de inspirar.

Un globo aerostático contiene unos 2 millones de litros de aire.

CÓMO FUNCIONA

Unos músculos que se encargan de expandir y contraer el pecho, haciendo que el aire entre y salga de los pulmones, controlan la respiración. Debajo de los pulmones hay una lámina musculosa llamada diafragma. Cuando se contrae, se aplana y permite que el aire entre en los pulmones. Al mismo tiempo, los músculos que hay entre las costillas elevan la caja torácica expandiéndola. Cuando el diafragma y los músculos intercostales se relajan, ocurre justo lo contrario: los pulmones se contraen y expulsan el aire.

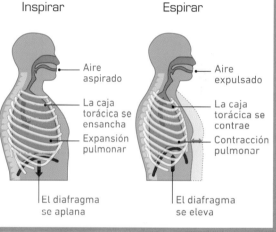

Inspirar

Espirar

Aire aspirado

Aire expulsado

La caja torácica se ensancha

La caja torácica se contrae

Expansión pulmonar

Contracción pulmonar

El diafragma se aplana

El diafragma se eleva

Cada vez que respiras, inspiras medio litro de aire aproximadamente. Eso son un total de 6 litros por minuto, 9000 litros al día y unos 260 millones de litros a lo largo de tu vida. ¡Y eso estando en reposo! Si llevas una vida muy activa, puedes inspirar casi el doble de aire.

Datos: corazón, sangre, pulmones

¿QUÉ CANTIDAD DE SANGRE HAY EN TU CUERPO?

La sangre supone solo el **7 por ciento** *del peso de tu cuerpo*, pero desempeña muchas **funciones importantes**, como *transportar* materias primas vitales por todo el organismo, eliminar residuos y *combatir enfermedades*. La cantidad de sangre depende de la edad.

3 meses
0,5 litros

12 meses
0,7 litros

6 años
1,5 litros

10 años
2,5 litros

15 años
4 litros

Adulto
5 litros

¿A QUÉ VELOCIDAD CIRCULA LA SANGRE?

La sangre circula **más deprisa** cuando sale del corazón y viaja por los **vasos sanguíneos más anchos.** Disminuye la velocidad a *menos de una décima parte de la velocidad de un caracol de jardín* al pasar por los **capilares sanguíneos,** y luego *acelera de nuevo* al volver a las venas.

Arteria: 1,4 km/h

Capilar: 0,003 km/h

Vena: 0,36 km/h

EN UN LATIDO

Un latido cardíaco pasa por **tres fases básicas** en las que la sangre entra y sale de las **cámaras superiores e inferiores** del corazón. El sonido del latido cardíaco lo hacen dos grupos de **válvulas** *que se cierran en rápida sucesión.*

1. Entre latidos, el músculo cardíaco se relaja y el **corazón** *se llena de sangre* procedente del cuerpo.

2. Las cámaras superiores (aurículas) *se contraen;* las paredes musculares *se comprimen y empujan la sangre hacia las* **cámaras inferiores.**

3. Las cámaras inferiores (ventrículos) *se contraen con mucha más fuerza* y bombean la sangre por todo el cuerpo.

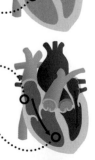

La sangre entra por arriba

Válvula

La cámara superior se contrae

La cámara inferior se llena

La sangre se bombea al cuerpo

La cámara inferior se contrae

¿CUÁL ES TU GRUPO SANGUÍNEO?

Todo el mundo pertenece a **uno de los cuatro** grupos sanguíneos principales: **A, B, AB u O.** Las letras hacen referencia a unas moléculas llamadas *antígenos* que hay en la superficie de las **células sanguíneas.** Si necesitas sangre de un donante, *es fundamental que escojas el tipo correcto,* ya que tu sistema inmunitario **combate** los antígenos que no reconoce como propios.

Tipo A: Solo puedes recibir sangre de un donante de tipo A u O.

Tipo AB: Puedes recibir sangre de cualquier donante.

El tipo O no tiene antígenos.

Tipo B: Solo puedes recibir sangre de un donante de tipo B u O.

Tipo O: Solo puedes recibir sangre de un donante de tipo O.

RESPIRA PROFUNDAMENTE

Cuando estás en *reposo,* respiras solo **12 veces por minuto,** inspirando hasta **0,5 litros** de aire cada vez. En cambio, cuando realizas alguna *actividad física,* tanto tu frecuencia respiratoria como el volumen de cada respiración **aumentan** *para que entre más oxígeno en tu flujo sanguíneo.*

En reposo respiras unas 12 veces/m

Andando respiras unas 20 veces/m

Trotando respiras unas 40 veces/m

Corriendo respiras unas 70 veces/m

CÓMO FUNCIONA EL HABLA

La **VOZ** sale de las *cuerdas vocales,* dos piezas de tejido que tienes en la garganta y que **vibran** cuando están cerradas y el aire pasa a través de ellas. La posición de la boca, los labios y la lengua **modifica el sonido** *para producir el habla.*

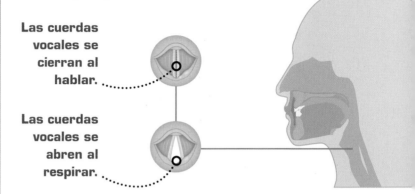

Las cuerdas vocales se cierran al hablar.

Las cuerdas vocales se abren al respirar.

AGUDOS Y GRAVES

Cuanto más largas y gruesas son las cuerdas vocales, *más grave es la voz.* El **tono** de los sonidos se mide con unas unidades llamadas *hercios (Hz),* que corresponden a las **vibraciones por segundo.**

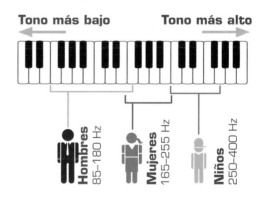

Tono más bajo → Tono más alto

Hombres 85–180 Hz

Mujeres 165–255 Hz

Niños 250–400 Hz

SONIDOS EXTRAÑOS

La mayor parte del tiempo no notas que tu pecho **sube y baja** con cada *respiración.* De vez en cuando, tu sistema respiratorio produce **ruidos extraños o repentinos,** como risas, ronquidos o bostezos.

La risa se produce cuando las *cuerdas vocales se abren y cierran repetidamente* y el sonido se corta: **«ja ja ja».**

Los ronquidos se producen al *vibrar* un *colgajo blando de tejido* de la parte trasera de la boca al pasar el aire.

Al bostezar llevamos una bocanada de aire a los pulmones y estiramos los músculos de *la garganta.*

Alimentar el cuerpo

La comida nos da toda la energía que nuestro cuerpo necesita para seguir funcionando, y también la materia prima para el crecimiento y la reparación. Pero para que tu cuerpo pueda utilizar los valiosos nutrientes de los alimentos, antes tienes que digerirlos.

La fruta y las verduras frescas son mucho más saludables para el cuerpo que la comida procesada. Las semillas de la granada contienen un mínimo de 18 vitaminas y minerales distintos, y son una fuente rica en fibra dietética.

CÓMO FUNCIONA

Para estar sano debes seguir una dieta equilibrada. Esta debe incluir una mezcla de los principales grupos de alimentos (hidratos de carbono, proteínas y grasas), así como un mínimo de cinco piezas de frutas y verduras al día.

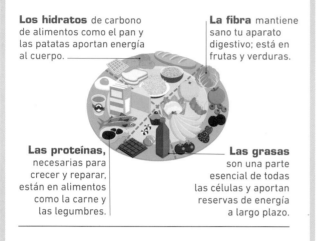

Los hidratos de carbono de alimentos como el pan y las patatas aportan energía al cuerpo.

La fibra mantiene sano tu aparato digestivo; está en frutas y verduras.

Las proteínas, necesarias para crecer y reparar, están en alimentos como la carne y las legumbres.

Las grasas son una parte esencial de todas las células y aportan reservas de energía a largo plazo.

Cada alimento aporta una determinada cantidad de energía. La energía de los alimentos se mide en calorías (cal) o en kilojulios (kJ), que se indican, cuando la hay, en la etiqueta. Un adulto necesita un mínimo de 2000 calorías (8400 kJ) al día.

Energía en 100 g de distintos alimentos

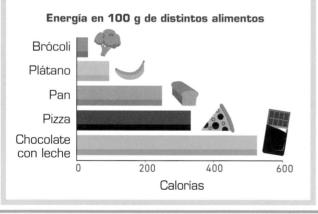

Brócoli	
Plátano	
Pan	
Pizza	
Chocolate con leche	

0   200   400   600

Calorías

¿CUÁNTO COMES?

Una persona consume al día entre 1 y 3 kg de alimentos y bebidas en promedio. La comida es esencial para mantener el cuerpo saludable y en buen funcionamiento. Del mismo modo que tienes que cargar el móvil con regularidad, debes suministrar a tu cuerpo periódicamente provisiones suficientes para mantenerte en forma y activo. La comida te aporta asimismo la materia prima que tus células necesitan para crecer y repararse. Si ingieres un exceso de alimentos, sin embargo, puedes tener problemas de salud que te acorten la vida.

La ingesta de alimentos varía mucho de una persona a otra y de un país a otro. En los países ricos, algunas personas consumen demasiado, lo que deriva en problemas de salud. En otros lugares, la gente no ingiere suficiente comida o no tiene una dieta lo suficientemente variada, lo que también se traduce en problemas de salud.

DATOS Y CIFRAS

Cada minuto se consumen más de 5000 toneladas de comida en el mundo.

No toda la comida que se produce en el mundo se consume: una tercera parte va a parar a la basura.

A lo largo de tu vida consumirás unas **50 toneladas** de comida, lo mismo que pesan **35 hipopótamos.**

¿CUÁNTOS DIENTES TIENES?

¿Cuántos dientes puedes contar? Puede que solo cuentes unos 20, pero tienes muchos más ocultos en el cráneo. Los dientes son una parte esencial de tu aparato digestivo: cortan y trituran los alimentos para que a tu cuerpo le sea más fácil descomponerlos y absorberlos. Pero si no te los cepillas, los trocitos de comida pueden quedar atrapados entre ellos y ser caldo de cultivo de las bacterias que provocan caries.

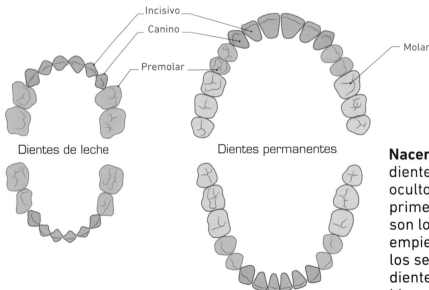

Incisivo
Canino
Premolar
Molar

Dientes de leche

Dientes permanentes

Nacemos con todos los dientes que vamos a tener ocultos en los huesos. Los primeros 20 dientes que salen son los dientes de leche. Estos empiezan a caerse alrededor de los seis años, cuando aparecen los dientes permanentes. ¡Cuídalos bien porque ya no te saldrán más!

DATOS Y CIFRAS

En total te pasarás 80 días de tu vida cepillándote los dientes. El cepillado elimina la placa bacteriana, una capa pegajosa de suciedad y gérmenes que se forma en los dientes y provoca caries.

Los tiburones no tienen que cepillarse los dientes ya que les salen otros nuevos: unos 30000 a lo largo de su vida.

CÓMO FUNCIONA

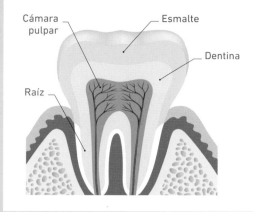

Cámara pulpar

Esmalte

Dentina

Raíz

La parte visible de un diente es la corona, que está hecha de esmalte. Este material cristalino es la sustancia más dura del cuerpo humano. Debajo del esmalte hay una sustancia parecida al hueso llamada dentina y dentro de esta, una cámara pulpar, un tejido blando y sensible que contiene vasos sanguíneos y células nerviosas.

Los dientes permanentes están ocultos en el cráneo hasta que los dientes de leche se caen.

La raíz del diente está incrustada en el cráneo.

A los seis años tenemos 52 dientes, pero la mayoría están ocultos en el cráneo.

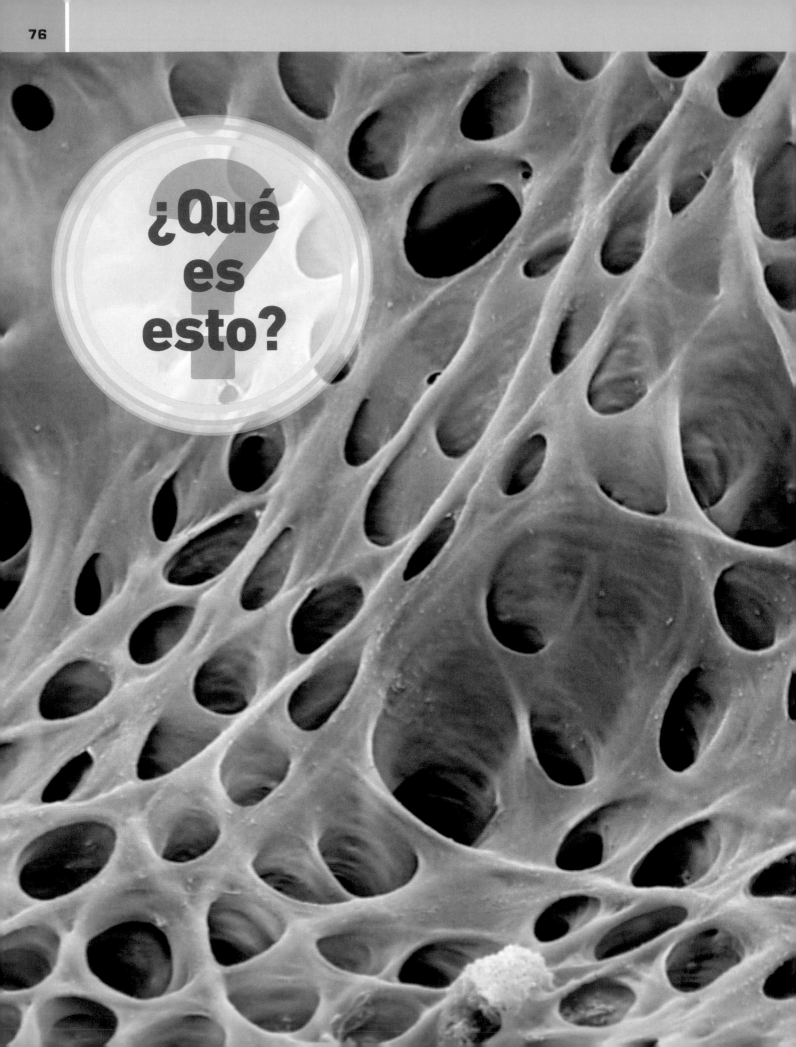

¿Qué es esto?

INTERIOR DEL DIENTE

Bajo la capa de esmalte que protege los dientes hay una sustancia llamada dentina, que se ve aquí aumentada 6000 veces con un microscopio electrónico. La dentina tiene una estructura de panal que la hace muy fuerte, pero si el esmalte tiene algún agujero, los líquidos azucarados o de sabor intenso pueden entrar. Estas sustancias activan las células nerviosas y causan el dolor de muelas.

¿CUÁNTA SALIVA PRODUCES?

Cada día produces alrededor de 1 litro de saliva. La saliva te ayuda a tragar y digerir la comida. Al masticar, la saliva se mezcla con los alimentos triturados y los vuelve más blandos y viscosos y, por tanto, más fáciles de tragar. Asimismo, las sustancias digestivas de la saliva se encargan de empezar a descomponer las moléculas de los alimentos.

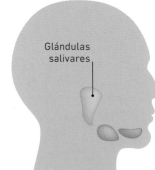

Glándulas salivares

La saliva es una mezcla de agua, sales y otras sustancias, entre ellas una enzima digestiva, que ayuda a descomponer el alimento. Las glándulas salivares bombean la saliva hasta la boca. Tienes tres glándulas salivares grandes a cada lado de la cara y otras 1000 diminutas que están repartidas por la boca, la lengua y la garganta.

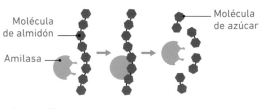

Molécula de almidón

Amilasa

Molécula de azúcar

La saliva contiene una enzima llamada amilasa, que descompone las moléculas de almidón de alimentos como el pan para formar moléculas de azúcar, que suministran energía.

Tu boca produce unos 365 litros de saliva al año.

A lo largo de tu vida producirás saliva suficiente para llenar una bañera unas 150 veces. Tu boca produce saliva todo el tiempo. Te tragas la mayor parte, por lo general sin ser consciente de ello. Cuando no estás comiendo tragas saliva una vez por minuto y cuando duermes, unas tres veces por hora.

DATOS Y CIFRAS

Las ratas se lamen las heridas unas a otras. Su saliva contiene una sustancia que hace que las heridas se curen el doble de rápido.

La salangana nidoblanco es un ave del Sudeste Asiático que usa su pegajosa saliva para construir el nido en las paredes de las cuevas. En los diminutos nidos solo caben dos huevos.

Las serpientes venenosas usan los colmillos para inyectar saliva envenenada a sus presas.

Glándula venenosa

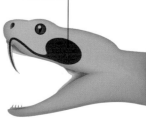

¿QUÉ TAMAÑO TIENE TU ESTÓMAGO?

Cuando comes, tu estómago se expande. Vacío, es del tamaño aproximado de una ciruela, pero lleno puede expandirse hasta albergar 50 veces dicho volumen, más o menos lo que mide un balón de fútbol. El estómago no es un simple espacio para almacenar la comida. Sus potentes músculos estrujan y trituran los alimentos hasta convertirlos en un líquido, y las glándulas que hay en sus paredes producen jugos gástricos para descomponer las moléculas de los alimentos.

El estómago puede crecer hasta albergar **75 perritos calientes.**

Con entrenamiento, algunas personas han logrado aumentar la capacidad de su estómago. En 2020 el americano Joey Chestnut ganó un concurso en el que ingirió 75 perritos calientes. ¡También tiene récords por haberse comido 50 dónuts, 52 hamburguesas con queso, 25,5 sándwiches de helado, 241 alitas de pollo y 141 huevos duros!

DATOS Y CIFRAS

El estómago segrega una potente sustancia química, el ácido clorhídrico, capaz de disolver el metal. Este ácido elimina los gérmenes que se ocultan en los alimentos y ayuda a los jugos gástricos a funcionar correctamente.

4 horas

La comida pasa unas 4 horas en el estómago.

El ornitorrinco no tiene estómago. La comida que se traga va a parar directamente a sus intestinos.

Un estómago vacío tiene más o menos el tamaño de una ciruela.

Al comer, tu estómago se estira como un globo. ¡Pero para que quepa toda esa comida es necesario entrenar el estómago!

CÓMO FUNCIONA

La pared estomacal tiene pliegues que se estiran cuando el estómago se llena de comida. Está formada por tres capas distintas de músculo, que pueden contraerse y relajarse de distintas formas, comprimiendo los alimentos y mezclándolos. Tras varias horas en el estómago, la comida se transforma en un líquido pastoso llamado quimo.

Cuando ingieres comida, el estómago se llena de alimentos deglutidos y segrega jugos gástricos para digerirlos.

Los músculos de la pared estomacal se contraen en oleadas unas tres veces por minuto, estrujando y triturando la comida.

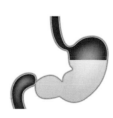

Una vez que la comida se ha transformado en líquido, una oleada de contracciones la expulsa por una apertura llamada esfínter pilórico.

¿Qué
es
esto?

FOVEOLAS GÁSTRICAS

Cada milímetro cuadrado de la pared interna del estómago tiene 60-100 foveolas o pequeños hoyos. Aquí puedes ver algunas aumentadas 1000 veces con un microscopio. En su base hay unas glándulas que segregan un ácido y unas enzimas digestivas muy potentes que descomponen las proteínas y la grasa de los alimentos. Los jugos gástricos del estómago son tan fuertes que el órgano se digeriría a sí mismo si no tuviera una protección especial: la gruesa capa mucosa que produce continuamente su revestimiento interno.

¿A DÓNDE VA
LA COMIDA?

Cuando la comida entra en tu boca, inicia una gran aventura por tu cuerpo. Su recorrido pasa por todos los órganos principales de tu aparato digestivo, de 9 m de largo. Al pasar por este laberinto de tubos y cámaras, los alimentos se descomponen en nutrientes que tu flujo sanguíneo puede absorber y transportar. Los restos se transforman en un residuo tóxico que es expulsado de tu cuerpo.

15:00 H Absorción de nutrientes
El revestimiento interno del intestino delgado tiene millones de salientes diminutos llamados vellosidades, que crean una enorme superficie para absorber los alimentos digeridos. Los hidratos de carbono, las proteínas y las grasas se descomponen en unas moléculas más simples que pasan por las vellosidades y se incorporan a la sangre.

ENTRADA

8:00 H Entra en la boca
Cuando el desayuno entra en tu boca, tu aparato digestivo reacciona de inmediato. Mientras tus dientes se ponen a masticar los alimentos, tu boca produce saliva, un jugo digestivo con enzimas que descomponen las moléculas de los alimentos.

8:01 H Deglución
¡Glup! Cuando te la tragas, la comida no va directamente al estómago. Llega a él a través de un conducto muscular llamado esófago, que empuja los alimentos igual que tú empujas el dentífrico fuera del tubo. Tardas unos 10 segundos en deglutir.

8:01 H
En el estómago
Según cuánto comas, los alimentos pueden pasar unas cuatro horas en el estómago. Esta bolsa elástica produce un ácido que elimina los gérmenes y una enzima digestiva que descompone las proteínas. La pared muscular del estómago bate la comida hasta que se transforma en un líquido pastoso llamado quimo.

12:00 H
Pasa al intestino delgado
Una vez realizado su trabajo, el estómago pasa el alimento líquido al intestino delgado. Aquí se incorporan más enzimas digestivas que descomponen los nutrientes restantes de la comida.

La comida tarda entre **24 y 48 horas** en ser digerida y **convertirse en caca.**

17:00 H Intestino grueso

Tras estar unas cinco horas en el intestino delgado, los restos aguados sin digerir del desayuno llegan al intestino grueso. La comida pasa un mínimo de 12 horas aquí. En él el agua es absorbida y miles de millones de bacterias se alimentan de las sobras y las transforman en caca.

18:00 H

Formación de las heces

Cuando el agua se elimina del caldo de bacterias y materia sin digerir, la mezcla se endurece y forma una pasta espesa que se rompe en pedazos: las heces. Las heces frescas se almacenan en una cámara llamada recto hasta que son expulsadas.

CÓMO FUNCIONA

El tracto digestivo es un tubo largo que va desde la boca hasta el ano. Por el camino, el hígado y el páncreas añaden jugos gástricos que contienen enzimas. Estas atacan las largas cadenas de moléculas que forman las proteínas, los hidratos de carbono y las grasas, y las transforman en moléculas más pequeñas, como azúcares y aminoácidos.

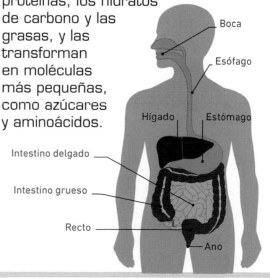

Boca
Esófago
Hígado
Estómago
Intestino delgado
Intestino grueso
Recto
Ano

8:00 H

Salida final

¡Chof! La caca es expulsada a través del ano y cae al váter. ¡No te olvides de lavarte las manos!

SALIDA

¿Qué es esto?

VELLOSIDADES INTESTINALES

El intestino delgado no se limita a digerir la comida, sino que también la absorbe. Para hacerlo de forma eficaz necesita una superficie muy grande, así que tiene su revestimiento interno cubierto de unos pequeños salientes llamados vellosidades. Estos salientes, de 1 mm de largo, se ven a simple vista y dan una textura aterciopelada al interior del intestino delgado. Las vellosidades están llenas de vasos sanguíneos que absorben y transportan las moléculas ricas en energía que se liberan en la digestión.

¿CUÁNTO PIPÍ
HACES?

Tu cuerpo produce alrededor de 1,4 litros de pipí al día, o mejor dicho de orina. La orina es un residuo líquido que producen los riñones, que filtran la sangre del cuerpo. Eliminan el agua que tu cuerpo no necesita, así como sustancias químicas residuales que serían letales si se acumularan.

Los riñones producen unos 500 litros de orina al año (suficiente para llenar dos bañeras), y unos 40 000 litros a lo largo de la vida, suficiente como para llenar una piscina pequeña.

El pis debe su color amarillo a una sustancia química llamada urocromo, que se produce cuando las células sanguíneas viejas se descomponen.

Hasta hoy la especie humana ha expulsado de su cuerpo unos 1400 kilómetros cúbicos de orina, volumen que haría fluir las cataratas del Niágara durante 19 años.

Una vejiga vacía tiene el tamaño aproximado de una ciruela. Cuando está medio llena, tiene el tamaño de una naranja y cuando está llena, el de un pomelo.

CÓMO FUNCIONA

La orina se almacena en la vejiga, que al llenarse se estira como un globo. Los receptores de dilatación que tiene la vejiga en su pared muscular le dicen al cerebro cuándo tienes que ir al baño. Para vaciar la vejiga, debes abrir dos esfínteres, unos músculos en forma de anillo. El superior se abre solo, pero el inferior es voluntario, lo que permite controlar el flujo.

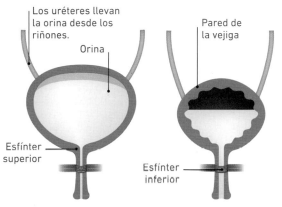

Los uréteres llevan la orina desde los riñones.

Orina

Pared de la vejiga

Esfínter superior

Esfínter inferior

Con el pis de toda una vida se puede llenar una piscina de 7 metros de largo.

¿DE QUÉ ESTÁ HECHO EL PIS?

Seguramente no te parezca emocionante, pero el pis (orina) es un líquido complejo formado por miles de sustancias químicas distintas, muchas de ellas tóxicas. Lo producen los riñones, dos órganos del tamaño de un puño situados a cada lado de la columna, debajo de las costillas. Estos órganos filtran las sustancias químicas tóxicas o no deseadas de la sangre. Los riñones son indispensables para la vida. Si dejan de funcionar, la persona muere en cuestión de días.

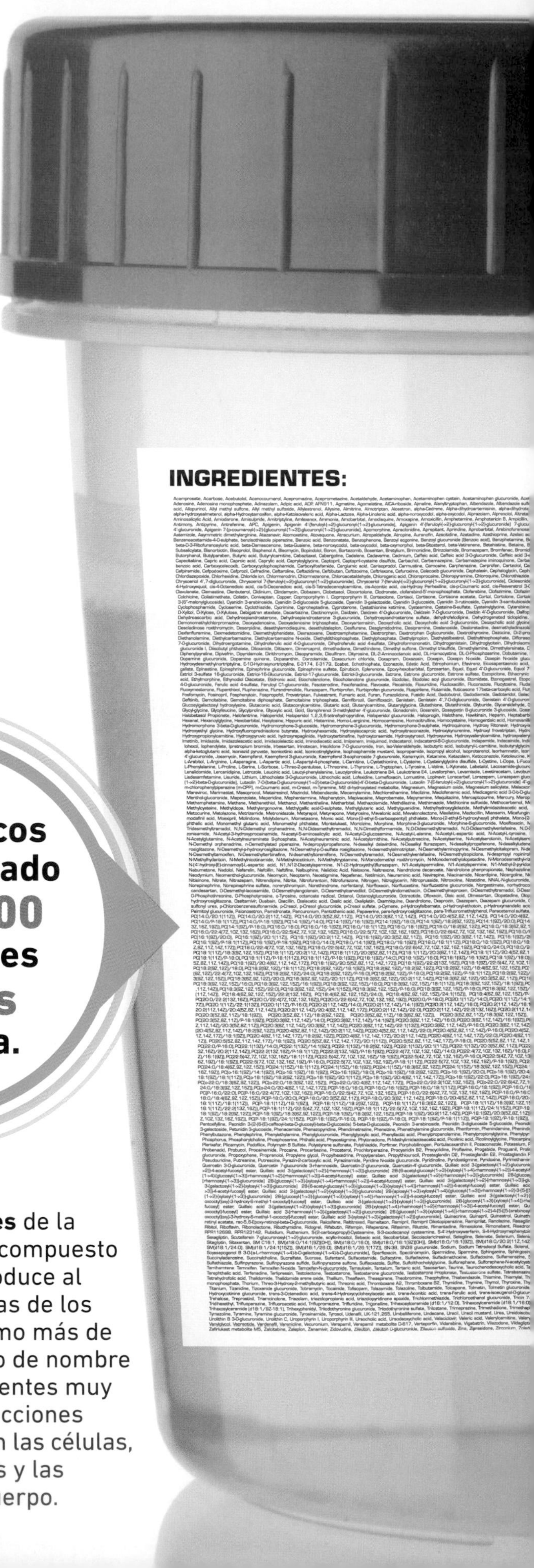

DATOS Y CIFRAS

La mayoría de los grandes mamíferos tardan lo mismo en hacer pis: 21 segundos.

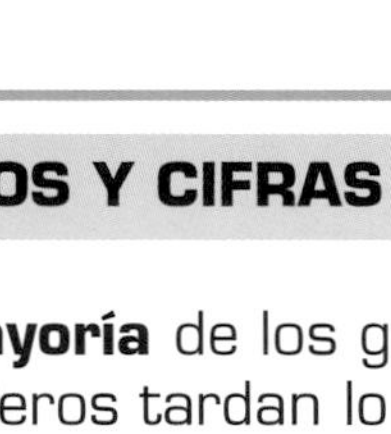

No es verdad que el pis alivie el dolor de las picaduras de medusa.

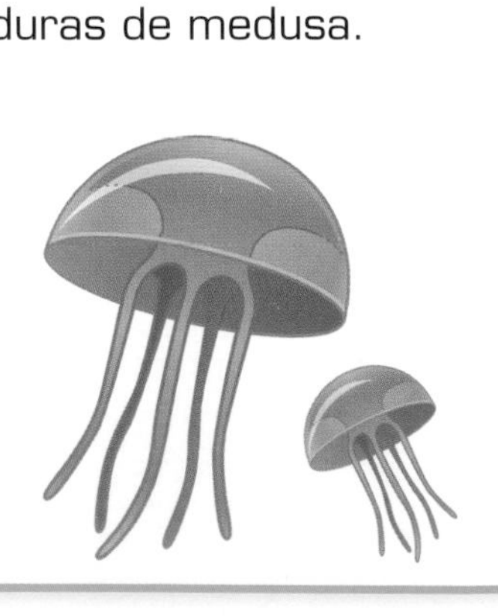

Los científicos han identificado más de 3000 componentes distintos en la orina.

Los principales ingredientes de la orina son el agua y la urea, compuesto rico en nitrógeno que se produce al descomponerse las proteínas de los alimentos. Contiene asimismo más de 3000 sustancias de desecho de nombre complicado. Proceden de fuentes muy distintas, entre ellas las reacciones químicas que tienen lugar en las células, los alimentos, las medicinas y las bacterias que viven en tu cuerpo.

CÓMO FUNCIONA

Cada minuto, una cuarta parte de la sangre pasa por los riñones. Cada riñón contiene más de un millón de unidades de filtración. Son microscópicas y se llaman nefronas. Eliminan el agua sobrante y las sustancias químicas tóxicas de la parte líquida de la sangre.

Riñón

Vejiga

1. La sangre entra en una unidad de filtración y la parte líquida va a un conducto separado.

2. Unos pequeños vasos sanguíneos reabsorben el agua y las sustancias químicas útiles del líquido del conducto.

3. El agua y las sustancias químicas sobrantes se vacían en la vejiga en forma de orina.

¿CUÁNTA AGUA HAY EN TU CUERPO?

Más de la mitad de tu cuerpo es agua. El agua es esencial para la vida, porque las células la necesitan para todas las reacciones químicas que las mantienen vivas. Es importante tener la cantidad adecuada de agua en el cuerpo, así que el cerebro controla el nivel de agua en sangre y la ajusta según las necesidades.

La cantidad de agua de tu cuerpo depende, sobre todo, de la edad. En un recién nacido, tres cuartas partes son agua, porque los órganos ricos en agua, como los pulmones, el cerebro y los músculos, ocupan la mayor parte de su cuerpo. A medida que crecemos, el nivel de agua disminuye porque los músculos se vuelven más finos.

Persona joven: 57 % de agua

DATOS Y CIFRAS

La rata canguro vive en el desierto y nunca bebe agua. Sus células obtienen agua de los alimentos mediante una reacción química.

90%

Alrededor del 90 por ciento del agua de tu cuerpo procede de lo que comes y bebes. El resto la producen las células de tu cuerpo.

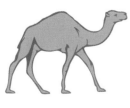

Un camello puede beber 100 litros de agua en 10 minutos tras una travesía por el desierto.

CÓMO FUNCIONA

Si el nivel de agua de tu cuerpo disminuye, tu cerebro activa la sensación de sed. También libera una hormona que se desplaza hasta los riñones y les dice que reabsorban el agua de la orina (lo que hace que tu orina sea más oscura). Si el nivel de agua de tu cuerpo es elevado, dejas de tener sed y tus riñones dejan que pase más agua a la orina (lo que hace que sea más clara).

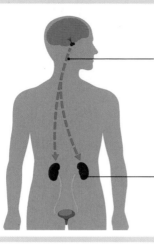

El cerebro envía una hormona a los riñones que les indica la cantidad de agua que deben eliminar de la sangre.

Los riñones ajustan la cantidad de agua que va a parar a la orina.

El **74 por ciento** de un bebé es **agua**, igual que en un **plátano.**

Persona mayor: 51% de agua

Bebé: 74% de agua

Datos: alimentos y digestión

ENERGÍA *NECESARIA*

La comida proporciona **energía** para *alimentar las células del cuerpo* y mantenerlas vivas. La cantidad de energía que necesitas dependerá de la **edad**, el **sexo** al que pertenezcas y **lo activo que seas.**

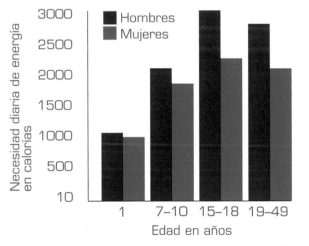

Necesidad diaria de energía en calorías / Edad en años

- Hombres
- Mujeres

LA ENERGÍA EN LOS ALIMENTOS

El **contenido energético** varía mucho de un alimento a otro. Obtienes energía de las **grasas**, los **hidratos de carbono** y las **proteínas**, pero las grasas tienen *el doble de energía* que los hidratos de carbono y las proteínas. Tu cuerpo utiliza la energía siempre, pero usas más cuando estás **físicamente activo.** Aquí ves lo que se tarda en gastar la energía.

Alimento — **Minutos corriendo**

- Sándwich de huevo — 35 min
- Filete de 230 g — 74 min
- Dónut glaseado — 51 min
- Chocolate 100 g — 72 min
- Plátano — 12 min
- Tallo de apio — 0 min

ENERGÍA Y EJERCICIO

Tu cuerpo utiliza la energía todo el tiempo, incluso al descansar. Pero cuanto **más esfuerzo**, más energía usas. Un plátano contiene unas **100 calorías** de energía, que te permiten realizar *diferentes* **actividades** durante *distintos* **períodos de tiempo**.

Nadar rápido
10 minutos

Pasear en bici
20 minutos

Caminar
25 minutos

Dormir
2 horas

COMIDA CULTIVADA

Todo el mundo sabe que las **ovejas y las vacas** se **alimentan** básicamente de **hierba**. Pero ¿sabías que los **humanos también nos alimentamos sobre todo de hierba**? Alrededor de *dos terceras partes de las calorías que ingerimos* proceden de unas **hierbas llamadas cereales**, como el trigo, el arroz y el maíz.

Trigo   Arroz   Maíz   Sorgo

APARATOS
DIGESTIVOS

La longitud del aparato digestivo de un animal depende del **tamaño de su cuerpo** y del **tipo de comida** que ingiere. La **materia vegetal** cuesta más de digerir que la **carne** y por eso los *animales herbívoros* tienen un **aparato digestivo más largo.**

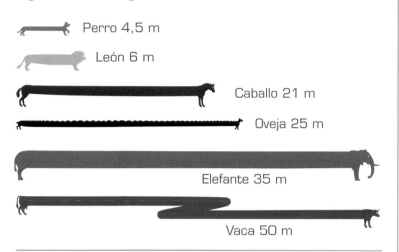

Perro 4,5 m

León 6 m

Caballo 21 m

Oveja 25 m

Elefante 35 m

Vaca 50 m

AGUA QUE ENTRA
AGUA QUE SALE

Todas las células de tu cuerpo necesitan agua. Además, el agua se encarga de que la **sangre** circule, controla la **temperatura**, lubrica las **articulaciones** y humedece los **ojos**, la **boca**, las **vías respiratorias** y el aparato **digestivo**. Consigues y pierdes agua de distintas formas, pero tu **cerebro** y tus **riñones** se aseguran de que el nivel de agua de tu cuerpo *esté equilibrado.*

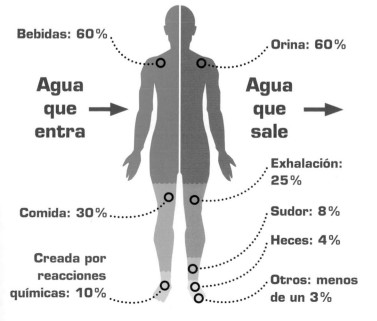

Bebidas: 60%

Orina: 60%

Agua que entra →

Agua que sale →

Comida: 30%

Exhalación: 25%

Sudor: 8%

Heces: 4%

Creada por reacciones químicas: 10%

Otros: menos de un 3%

ELIMINACIÓN DE
RESIDUOS

Los desechos del **aparato digestivo** salen del cuerpo en forma de **caca**, pero la caca no es simplemente comida sin digerir. Está compuesta **básicamente por agua** y unos **microorganismos llamados bacterias**. La mayoría son inofensivas y *ayudan a procesar la comida*, pero algunas pueden **transmitir enfermedades**, así que no te olvides de *lavarte las manos*.

Contenido de la caca

7% de material soluble

6% de fibra vegetal

26% de bacterias muertas

26% de bacterias vivas

35% de agua

GASTRONOMÍAS CURIOSAS

Algunos alimentos, como las *hamburguesas* y *las patatas fritas*, son **muy populares**. Otros, sin embargo, tienen un **sabor** que a muchos les resulta **desagradable**.

El arenque fermentado se sala y *se deja fermentar* varios meses, en los que adquiere un **hedor** insoportable.

El **durián** tiene un *sabor dulce* delicioso, pero su *olor* recuerda al **vómito,** las **cebollas podridas** o las **aguas residuales**.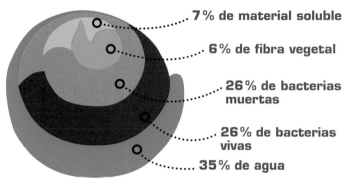

El casu marzu es un queso de oveja que contiene cientos de *larvas vivas*.

El café de civeta se hace con **granos de café** que unos animales llamados **civetas** han *ingerido y cagado*.

Los huevos centenarios se *conservan en el barro* hasta que se *vuelven verdes* y adquieren un intenso **olor a podrido**.

Las ostras de las Montañas Rocosas en realidad no son ostras, sino **testículos de toro** fritos.

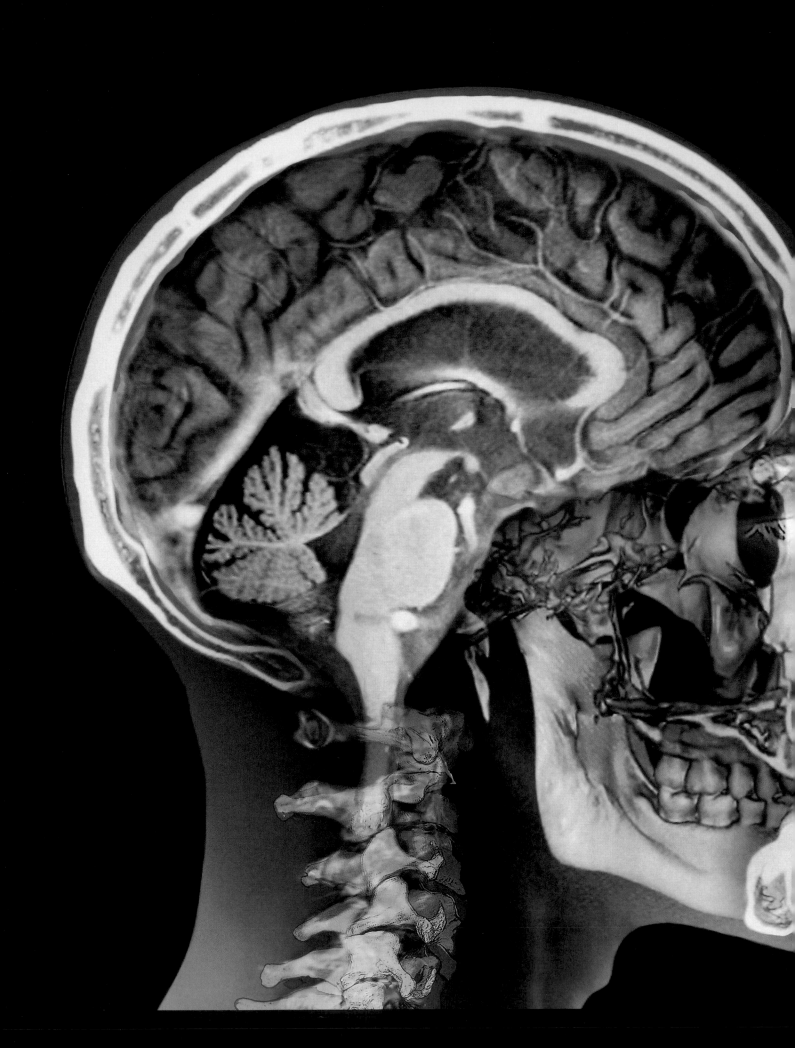

Al mando

Cada segundo, billones de señales eléctricas circulan por la gran red de células interconectadas que conforma tu cerebro. El cerebro, que es el centro de mando del sistema nervioso, es el órgano más complejo y misterioso del cuerpo.

El cerebro humano está compuesto principalmente de grasa, lo que dificulta verlo mediante los rayos X. Esta imagen combina imágenes radiográficas en 3D de la cabeza de un hombre con un escáner de IRM (imagen de resonancia magnética). El escáner de IRM permite ver los tejidos blandos de su cerebro.

Las neuronas, o células nerviosas, tienen un aspecto muy distinto al del resto de las células del cuerpo. Disponen de unas fibras largas y delgadas que transmiten las señales eléctricas a y desde las células. Las señales entrantes viajan por unas fibras llamadas dendritas. Las señales salientes lo hacen por unas fibras más largas y rápidas llamadas axones.

Las uniones entre las neuronas son las sinapsis.

La parte central de una neurona es el cuerpo celular.

¿CUÁL ES LA VELOCIDAD DE UN IMPULSO NERVIOSO?

Tu cuerpo está controlado por una red de comunicaciones de alta velocidad: el sistema nervioso. Está formado por miles de millones de neuronas, que transmiten por él señales eléctricas a una velocidad de hasta 288 km/h. Las neuronas transmiten las señales desde los órganos de los sentidos hasta el cerebro —el ordenador central de tu cuerpo— para que tengas información de lo que te rodea. También transmiten señales a los músculos y otros órganos, para que el cuerpo sepa cómo reaccionar.

CÓMO FUNCIONA

La mayoría de las neuronas están en el cerebro y la columna, que forman el sistema nervioso central (SNC). El sistema nervioso central está conectado con el resto del cuerpo a través de unos conjuntos de neuronas llamados nervios. Dichos nervios forman el sistema nervioso periférico (SNP).

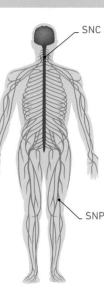

SNC

SNP

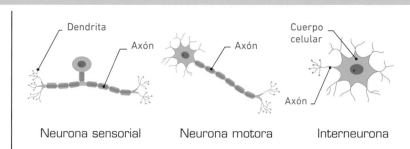

Dendrita

Axón

Axón

Cuerpo celular

Axón

Neurona sensorial   Neurona motora   Interneurona

Cada tipo de neurona desempeña una determinada tarea. Las neuronas sensoriales llevan las señales de los órganos de los sentidos al cerebro. Las neuronas motoras llevan las señales desde el cerebro hasta los músculos. El cerebro está formado básicamente por interneuronas, que forman circuitos complejos en los que se almacena la información.

Todas las neuronas tienen unas prolongaciones que transmiten las señales.

Las señales eléctricas viajan por el cerebro a la velocidad de un coche de carreras de Fórmula 1.

DATOS Y CIFRAS

Los impulsos nerviosos más rápidos que se conocen son los de un tipo de gamba y viajan a unos 760 km/h.

En el cerebro tenemos aproximadamente 8600 millones de neuronas.

DATOS Y CIFRAS

Tu cerebro puede estar igual de activo cuando sueñas que cuando estás despierto.

La estrella de mar, el erizo de mar, la medusa y otros animales acéfalos no tienen cerebro.

En tu cerebro hay miles de millones de neuronas (células nerviosas), cada una de ellas con miles de conexiones con otras neuronas. La información se almacena en este gran entramado de conexiones. No es fácil calcular la cantidad exacta de información que puede almacenar el cerebro, ya que no funciona como un ordenador. Según algunos científicos, puede almacenar alrededor de un petabyte (1 millón de gigabytes) de datos, pero otros creen que podría ser una cantidad mayor.

Tu cerebro puede almacenar tanta información como la de una fila de libros 9 veces más ancha que la Tierra.

¿CUÁNTA
INFORMACIÓN
ALMACENA
TU CEREBRO?

Este conjunto de células, del tamaño y la forma de una coliflor, crea tus pensamientos, sentimientos, recuerdos, ilusiones y experiencias. Cómo lo hace sigue siendo en buena parte un misterio. Los científicos creen que su habilidad para almacenar y procesar la información se debe a la forma en que las células del cerebro se conectan entre sí en unos circuitos llamados redes neuronales.

Tu cerebro puede almacenar como mínimo un petabyte de datos, lo suficiente como para llenar 5000 millones de libros de 0,2 megabytes.

CÓMO FUNCIONA

El cerebro está formado por distintas áreas que desempeñan diferentes tareas. Por ejemplo, el área que está a cargo de la visión se encuentra en la parte posterior del cerebro, mientras que una franja que hay sobre la oreja te ayuda a moverte. En muchos procesos, no obstante, están involucradas redes de neuronas repartidas por todo el cerebro. Los recuerdos, por ejemplo, se almacenan a partir de conexiones entre muchas partes del cerebro.

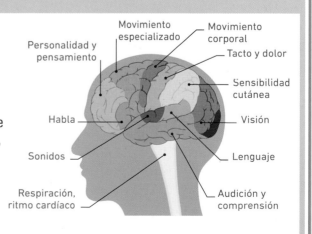

- Personalidad y pensamiento
- Movimiento especializado
- Movimiento corporal
- Tacto y dolor
- Sensibilidad cutánea
- Habla
- Visión
- Sonidos
- Lenguaje
- Respiración, ritmo cardíaco
- Audición y comprensión

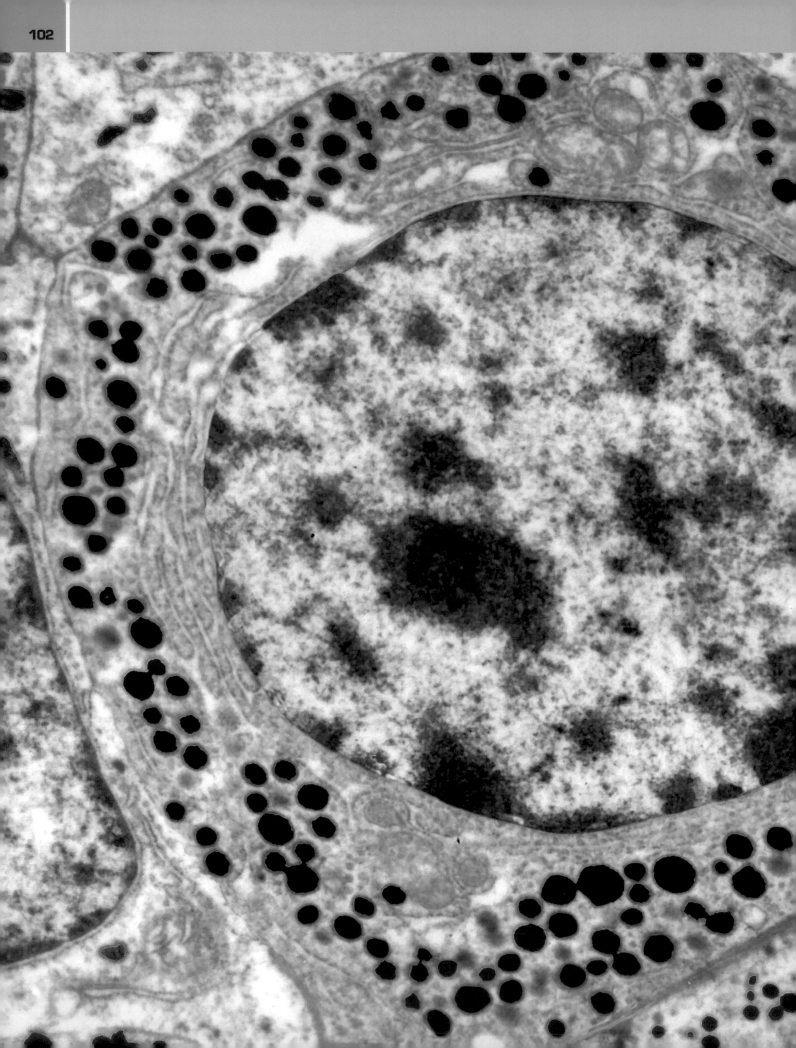

¿Qué es esto?

CRECES DURMIENDO

La célula verde grande de esta imagen produce la hormona que nos hace crecer. Mientras duermes, estas células, que están en la base de tu cerebro, liberan la hormona del crecimiento, responsable de que los huesos se hagan más largos, los músculos más gruesos y los órganos principales, salvo el cerebro, más grandes. Las células se llaman somatotropinas y almacenan la hormona en unos gránulos, los puntos marrones. Si quieres ser alto, duerme bien: los niveles de la hormona del crecimiento se disparan durante el sueño profundo.

Datos: cerebro y nervios

CONÉCTATE

El cerebro aprende y recuerda estableciendo conexiones entre las neuronas para crear **redes neuronales**. Tu cerebro puede crear una cantidad **infinita** de redes neuronales.

ACTOS REFLEJOS

A veces hay que **reaccionar** sin *tiempo de pensar*. Las reacciones más rápidas son actos **reflejos** y tienen lugar sin que el cerebro intervenga. En un acto reflejo, el impulso nervioso viaja desde la **célula sensorial** hasta la médula espinal y luego **directamente hasta los músculos** que te hacen reaccionar.

El reflejo rotuliano hace que estires la pierna cuando el tejido blando de la articulación de tu rodilla se estira, y te ayuda a ponerte de pie.

Tus pupilas se dilatan y contraen de forma automática cuando la luz aumenta o disminuye para que puedas ver bien.

El reflejo de parpadeo te hace cerrar los párpados si algo te toca el ojo o las pestañas.

El reflejo de la náusea contrae la garganta, lo que evita que te ahogues a causa de algo demasiado grande.

El vómito es un acto reflejo que activa tu estómago cuando ingieres algo dañino.

CUIDADO CON EL HUECO

Las conexiones entre neuronas se llaman **sinapsis**. Las señales eléctricas *no pueden atravesarlas*, ya que tienen un hueco de separación entre ellas. Por eso las neuronas liberan unas sustancias, los neurotransmisores, que cruzan la hendidura y **estimulan la célula** del otro lado.

Sinapsis

Neurotransmisores

ONDAS CEREBRALES

Los científicos pueden monitorizar la **actividad cerebral** de una persona colocándole sensores en el cuero cabelludo que captan las señales eléctricas de las neuronas. Con esta técnica se obtienen unas pautas llamadas **ondas cerebrales**, que muestran si el cerebro está activo, en reposo o dormido. Una **pauta anormal** es indicadora de una enfermedad.

Ondas cerebrales humanas

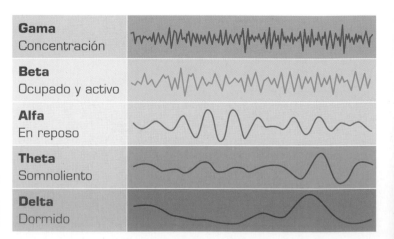

Gama Concentración	
Beta Ocupado y activo	
Alfa En reposo	
Theta Somnoliento	
Delta Dormido	

HORAS DE
SUEÑO

Pasarás *dormido* **un tercio de tu vida**. El tiempo que necesitas dormir cada noche depende de la edad. Al hacernos mayores, necesitamos dormir menos y solemos despertarnos más pronto.

Los cambios que experimenta el *reloj interno* **de tu cerebro hacen que en la adolescencia te cueste más levantarte por las mañanas.**

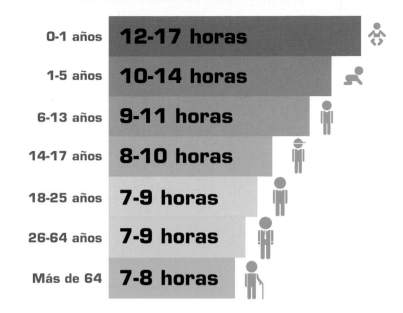

0-1 años	**12-17 horas**
1-5 años	**10-14 horas**
6-13 años	**9-11 horas**
14-17 años	**8-10 horas**
18-25 años	**7-9 horas**
26-64 años	**7-9 horas**
Más de 64	**7-8 horas**

CICLOS
DESUEÑO

Dormir de forma regular es esencial para la **salud de tu cerebro**, aunque la razón exacta sigue siendo un *misterio para la ciencia*. Durante el descanso nocturno tu cerebro pasa por cinco **fases de sueño** distintas. Cada fase se caracteriza por unas ondas cerebrales y un nivel de actividad. **Los sueños se producen** durante la fase REM (movimientos oculares rápidos), en la que **tus ojos se mueven** bajo los párpados a gran velocidad.

Despierto
Bien consciente y alerta.

Fase 1
Somnoliento pero medio despierto.

Fase 2
Tu temperatura y pulsaciones bajan.

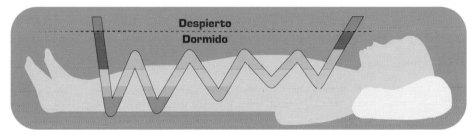

Despierto
Dormido

Fase 3
Sueño profundo, ondas cerebrales más lentas.

Fase 4
Sueño muy profundo. Cuesta despertarte.

Sueño REM
Mueves mucho los ojos y sueñas.

¿CUÁL ES TU
EQ?

¿Es más inteligente un delfín o un chimpancé? No podemos saber lo *inteligentes que son los animales* a partir del **tamaño de su cerebro**, ya que los animales más grandes tienen el cerebro más grande. Así que los científicos a veces utilizan una medida llamada **EQ** (cociente de encefalización), que tiene en cuenta el tamaño del cuerpo. Los **humanos tenemos un EQ de 7,5**, lo que significa que nuestro cerebro es *7,5 veces más grande de lo esperado para nuestro tamaño*.

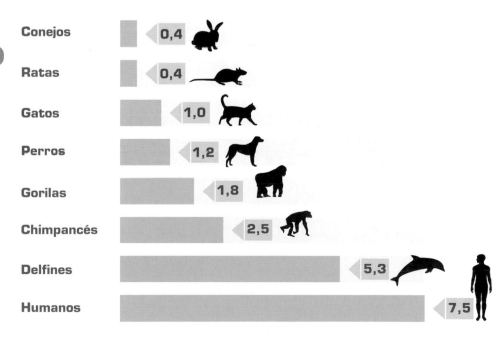

Animal	EQ
Conejos	0,4
Ratas	0,4
Gatos	1,0
Perros	1,2
Gorilas	1,8
Chimpancés	2,5
Delfines	5,3
Humanos	7,5

Sentidos poderosos

La vista, el oído, el olfato, el gusto y el tacto son tus sentidos principales, pero no son los únicos. Los órganos de los sentidos envían un flujo continuo de datos a tu cerebro. Y tu cerebro utiliza esa información para construir un mundo interior multicolor repleto de experiencias y sensaciones.

Cuando una persona pierde la visión, suele desarrollar más el resto de sus sentidos para compensar. Los libros en braille utilizan unas combinaciones de puntos para representar las palabras, de manera que las personas pueden leer usando el tacto en lugar de la vista.

¿CUÁNTOS SENTIDOS TIENES?

El sentido del equilibrio te permite estar de pie, andar y correr sin caerte. El principal órgano del equilibrio está dentro de tu oído interno.

Las ondas sonoras viajan por el aire todo el tiempo, pero son invisibles. Las captan las orejas a través del sentido del oído.

Seguramente piensas que tienes cinco sentidos: la vista, el oído, el olfato, el gusto y el tacto. ¡Pues no! Resulta que tienes unos cuantos más. Tu cuerpo puede percibir la temperatura, el dolor, la gravedad, el movimiento, la posición de tus extremidades, el estiramiento de tus músculos y si tus órganos internos están llenos, tanto la vejiga como el estómago.

Los receptores del dolor están tanto por dentro como por fuera del cuerpo. Nos protegen de posibles daños.

CÓMO FUNCIONA

Todos los sentidos utilizan células sensoriales que envían señales eléctricas al cerebro al captar un estímulo, como una luz, un sonido, un contacto, una sustancia química o un aumento de la temperatura. El cerebro te informa y decide cómo debe reaccionar tu cuerpo. Si hay que actuar rápidamente, el cerebro envía señales a tus músculos.

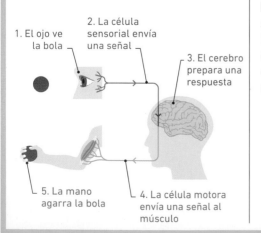

1. El ojo ve la bola

2. La célula sensorial envía una señal

3. El cerebro prepara una respuesta

5. La mano agarra la bola

4. La célula motora envía una señal al músculo

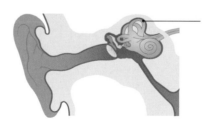

Tus sensores de movimiento están dentro de tres conductos llamados canales semicirculares.

Los oídos no se limitan a percibir sonidos; también detectan el movimiento y la gravedad. El oído interno tiene tres pequeños canales semicirculares llenos de líquido en los que hay sensores de movimiento que se activan cuando el líquido se agita. Puede detectar distintos movimientos de la cabeza, como rotarla, inclinarla, levantarla o bajarla.

Rotar

Inclinar

Levantar o bajar

Tus ojos captan y enfocan la luz para que puedas ver.

Los sensores de movimiento de tus oídos detectan los movimientos de tu cabeza.

Tu nariz puede detectar billones de moléculas olorosas distintas que flotan en el aire.

Tu lengua tiene miles de papilas gustativas que perciben si la comida es dulce, salada, amarga, ácida o agridulce.

Tu piel cuenta con millones de receptores que perciben distintos tipos de sensaciones y presiones.

Las células sensoriales del interior de los músculos y las articulaciones captan la posición y el movimiento de las partes de tu cuerpo.

Los receptores de la temperatura de tu piel, boca, ojos y otros lugares reaccionan al calor y al frío. Si la temperatura es extrema notas dolor.

Cuando tu estómago se llena, los receptores de la elasticidad de sus paredes activan la sensación de saciedad.

Tu cuerpo tiene por lo menos 12 sentidos.

Cuando tu vejiga o el recto están llenos, los receptores de elasticidad de sus paredes activan la sensación de que tienes que ir al baño.

DATOS Y CIFRAS

Los animales pueden percibir cosas que los humanos no notamos.

Las abejas pueden ver los colores ultravioletas. Eso les permite reconocer las flores que tienen néctar.

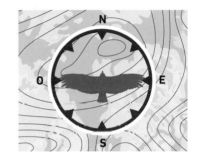

Las aves notan el campo magnético de la Tierra. Como si tuvieran una brújula que les ayuda a encontrar el camino.

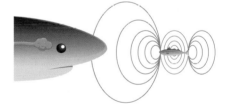

Los tiburones y otros peces notan los campos eléctricos que hay alrededor de las presas.

La mayoría de los mamíferos tienen bigotes, pero nosotros no. Los bigotes pueden tocar cosas y percibir los movimientos del aire. Gracias a ellos el animal sabe si un agujero es lo bastante grande para pasar por él.

¿CUÁNTOS COLORES PUEDES VER?

Tus ojos son ventanas al mundo. Captan la luz y la enfocan para formar imágenes, proporcionándote el sentido de la vista. Los colores que ves los captan unas células especializadas llamadas conos, que se encuentran en la parte posterior de tus globos oculares. Los humanos tienen tres tipos de conos, que trabajando conjuntamente pueden detectar millones de colores distintos. Algunos animales tienen más tipos de conos que nosotros y ven colores que nosotros no podemos ver.

Los colores del arco iris forman lo que llamamos el espectro. El espectro incluye solo siete colores fundamentales (rojo, naranja, amarillo, verde, azul, añil y violeta), pero entre ellos existen otras muchas tonalidades. Cada color del espectro procede de unas ondas luminosas con una longitud de onda determinada. Nuestro cerebro, no obstante, también crea colores imaginarios que no existen en el espectro mezclando colores reales entre sí. Así, al juntar el azul y el rojo, vemos el magenta.

DATOS Y CIFRAS

Los gatos y los perros solo tienen dos tipos de conos, así que ven menos colores que nosotros. Las aves, los reptiles y los anfibios tienen cuatro tipos de conos, por lo que ven colores que nosotros no distinguimos.

Un águila ve a una distancia cinco veces superior que los humanos, y que detecta a sus presas mientras vuela. Con sus ojos, podrías leer la pantalla del móvil desde la otra punta de la habitación.

Los ojos de los tarseros son más grandes que su cerebro. Los tarseros tienen una visión de los colores bastante pobre, pero ven muy bien de noche, cuando salen a cazar insectos. El calamar colosal tiene los ojos más grandes: ¡del tamaño de un balón de baloncesto.

CÓMO FUNCIONA

El ojo es una bola llena de un líquido viscoso con un orificio, la pupila, por el que entra la luz. Como las cámaras, tiene una lente, el cristalino, que enfoca la luz sobre una capa sensible de la parte posterior: la retina. La retina está recubierta de millones de conos y bastones. Los conos detectan el color y los bastones trabajan con poca luz, para que puedas ver por la noche aunque con menos color.

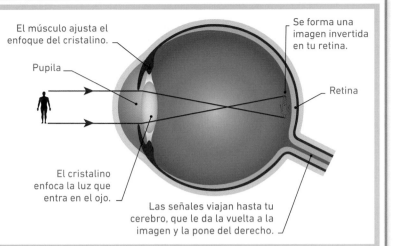

El músculo ajusta el enfoque del cristalino.

Se forma una imagen invertida en tu retina.

Pupila

Retina

El cristalino enfoca la luz que entra en el ojo.

Las señales viajan hasta tu cerebro, que le da la vuelta a la imagen y la pone del derecho.

El ojo humano puede ver hasta **10 millones de colores distintos.**

¿Qué es esto?

CONOS Y BASTONES

Tu vista cuenta con dos tipos de células que captan la luz: los conos y los bastones. Los conos (de color verde en esta imagen microscópica) detectan el color y necesitan que la luz sea intensa. Son muy abundantes en el centro de tu campo visual, así que aportan una alta definición y un color intenso a cualquier cosa que mires directamente. Los bastones (de color azul en la imagen) no perciben el color, pero son más sensibles. Son responsables de la visión nocturna, en la que apenas hay color y es ligeramente borrosa.

¿CÓMO FUNCIONAN LAS ILUSIONES?

¡No siempre puedes creer lo que ven tus ojos! Tu sentido de la vista depende de tu cerebro tanto como de tus ojos, pero tu cerebro utiliza atajos para procesar el torrente de datos procedente de tus ojos y decide qué estás viendo. Los efectos ópticos se aprovechan de estos atajos para hacerte ver cosas que en realidad no existen.

Figuras fantasma
En este efecto óptico ves lo que parece un cuadrado y un triángulo blancos, pero esas figuras en realidad no están allí. Tu cerebro interpreta que las figuras negras son unos círculos, de modo que asume que hay unas figuras blancas delante que tapan en parte las imágenes.

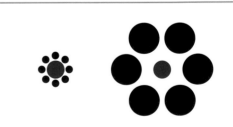

Comparación de tamaños
La parte de tu cerebro que procesa la vista juzga el tamaño de cada uno de los objetos comparándolos con lo que tienen al lado. Aquí, los círculos negros engañan al cerebro y hacen que vea el círculo rojo de la izquierda más grande que el de la derecha, pero en realidad los dos tienen el mismo tamaño.

Colores que se desvanecen
Acércate la página, mira al centro y cuenta hasta 30 sin mover los ojos. Los colores se desvanecerán. Si las células de tus ojos que detectan la luz mandan la misma señal una y otra vez al cerebro, se acaban cansando y al poco dejan de hacerlo.

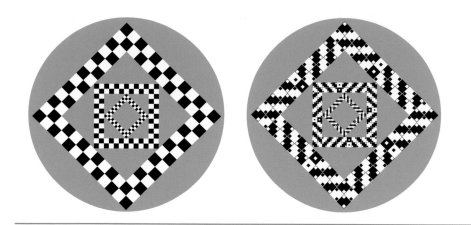

Cuadrados torcidos

Todos los lados de estos cuadrados son completamente rectos, pero los cuadrados de la derecha parecen torcidos. Los puntos que hay dentro de los cuadrados blancos y negros engañan a tu cerebro, aunque es un misterio cómo lo hacen exactamente. Si se eliminan los puntos, el efecto óptico desaparece.

Color ilusorio

En esta imagen no hay nada rojo; los tomates presentan la misma tonalidad gris que la franja inferior. Tu cerebro crea un color rojo ilusorio porque el fondo azul le engaña y le hace percibir el color opuesto en las partes grises del dibujo.

Movimiento ilusorio

¿Te parece que el diseño se mueve al mover los ojos? Tu cerebro utiliza los contrastes bruscos para percibir el movimiento. Esta imagen usa un diseño con mucho contraste para engañarlo y crear un movimiento ilusorio cuando mueves los ojos.

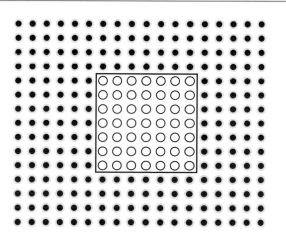

Círculos flotantes

¿A que los puntos blancos parecen flotar sobre los negros? Tu cerebro juzga la distancia a partir de lo que está enfocado. Aquí los puntos blancos se ven nítidos, pero los negros se ven borrosos, lo que hace que parezca que estén más alejados. Si mueves los ojos alrededor de la imagen, es posible que te dé la impresión de que los puntos blancos se mueven.

¿Qué es esto?

OTOLITO

Cuando inclinas el móvil, un dispositivo de su interior, el acelerómetro, gira hacia un lado y activa un circuito que mantiene el dispositivo en posición vertical. Tu cuerpo utiliza el mismo truco cuando inclinas o giras la cabeza. En tu oído interno hay unos otolitos, pequeños cristales de carbonato de calcio, unidos al vello sensorial. Cuando mueves la cabeza, el peso de los otolitos hace que oscilen, activando los impulsos nerviosos hacia tu cerebro. Tu cerebro compara estas señales con lo que recibe por los ojos para que tu vista sea estable y tu cuerpo no se desequilibre.

¿CUÁNTOS SABORES
DISTINGUES?

La mayor parte del sabor que asignas a los alimentos no procede de la boca, sino de la nariz. Las papilas gustativas de la boca tan solo detectan cinco sabores distintos, mientras que tu nariz puede distinguir alrededor de 1 billón de olores diferentes. Cuando comes, los sabores y los olores de los alimentos se mezclan en tu cerebro asignando a cada cosa un sabor único. Además, la textura, la temperatura y el sonido crujiente de los alimentos también influyen en tu forma de disfrutarlos.

DATOS Y CIFRAS

El olor característico de las cosas suele deberse a cómo se combinan muchas moléculas olorosas distintas. El del plátano es el resultado de más de 300 sustancias químicas olorosas. Los tomates producen unas 400 sustancias químicas olorosas y el café más de 600.

El picante de las guindillas se debe a los receptores del dolor, no a las papilas gustativas, y se mide en Unidades Scoville (SHU). Los jalapeños tienen unos 5000 SHU. La guindilla más picante, la Carolina Reaper, tiene 2,2 millones de SHU.

CÓMO FUNCIONA

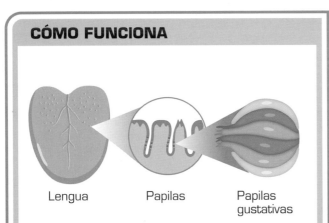

Lengua   Papilas   Papilas gustativas

Tu sentido del gusto procede de las papilas gustativas, unas agrupaciones diminutas de células sensoriales que tienes en la boca. La mayoría están en los bultitos de la lengua. Cuando te metes la comida en la boca, la saliva disuelve las sustancias químicas y las lleva a tus papilas gustativas, que envían señales a tu cerebro.

Bulbo olfativo

Los olores llegan a tu nariz antes incluso de que empieces a comer. Al masticar, las moléculas olorosas penetran en tu nariz desde la parte posterior de la boca. Aterrizan en el bulbo olfativo, que envía señales a tu cerebro.

El sabor amargo es uno de los cinco sabores básicos. Entre los alimentos y bebidas amargos están la piel de naranja, el café, la fruta que está verde y las hojas de muchas plantas.

Los alimentos dulces contienen azúcar. Entre los distintos tipos de azúcares están la sacarosa (azúcar común) y la fructosa (el azúcar natural de la fruta).

La superficie de tu lengua presenta unos bultitos diminutos llamados papilas.

Tu boca solo puede distinguir **cinco sabores:** amargo, dulce, salado, ácido y umami.

Los alimentos salados contienen sales minerales, como el cloruro sódico, la sal de mesa que añadimos a las patatas fritas.

Los alimentos y bebidas ácidos contienen ácidos, como el ácido cítrico del zumo de limón o el ácido acético del vinagre.

Umami significa sabroso en japonés. Entre los alimentos que tienen este sabor están la carne cocinada, la salsa de carne y la salsa de soja.

¿CUÁL ES EL HUESO MÁS PEQUEÑO DEL CUERPO?

El hueso más pequeño del cuerpo humano es el estribo. Abulta menos que una semilla de sésamo y se oculta en el interior de tu oído. El estribo, junto con otros dos huesos diminutos, forma un mecanismo de palanca que amplifica las ondas sonoras que captura tu tímpano antes de transmitirlas al oído interno, lo que crea tu sentido del oído.

El hueso se llama así porque se parece al estribo de una silla de montar. Una hormiga podría transportar este hueso diminuto, pues solo pesa 3 miligramos, una décima parte de lo que pesa un grano de arroz.

DATOS Y CIFRAS

La velocidad del sonido en el aire es una millonésima parte menor que la velocidad de la luz. Por eso ves los relámpagos varios segundos antes de oír el trueno.

Los elefantes oyen a través de la planta de los pies. Sus llamadas graves y sordas producen unas vibraciones que viajan varios kilómetros por el suelo, así que estos animales son capaces de comunicarse a grandes distancias.

Con 3 mm de largo, el estribo mide una tercera parte que una hormiga carpintera.

Las hormigas no tienen orejas. Captan el sonido con sus antenas.

CÓMO FUNCIONA

Los oídos recogen las ondas sonoras, unas ondas invisibles que viajan por el aire. Los sonidos son canalizados hacia el tímpano, una membrana de piel que vibra y mueve el estribo y otros huesos. Estos huesos diminutos trasladan los movimientos al oído interno lleno de líquido, donde los sonidos viajan por un tubo en forma de caracol llamado cóclea. Este órgano del tamaño de un guisante contiene células nerviosas que captan las vibraciones y envían señales al cerebro.

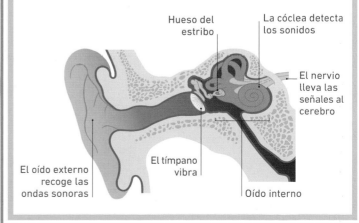

Hueso del estribo

La cóclea detecta los sonidos

El nervio lleva las señales al cerebro

El oído externo recoge las ondas sonoras

El tímpano vibra

Oído interno

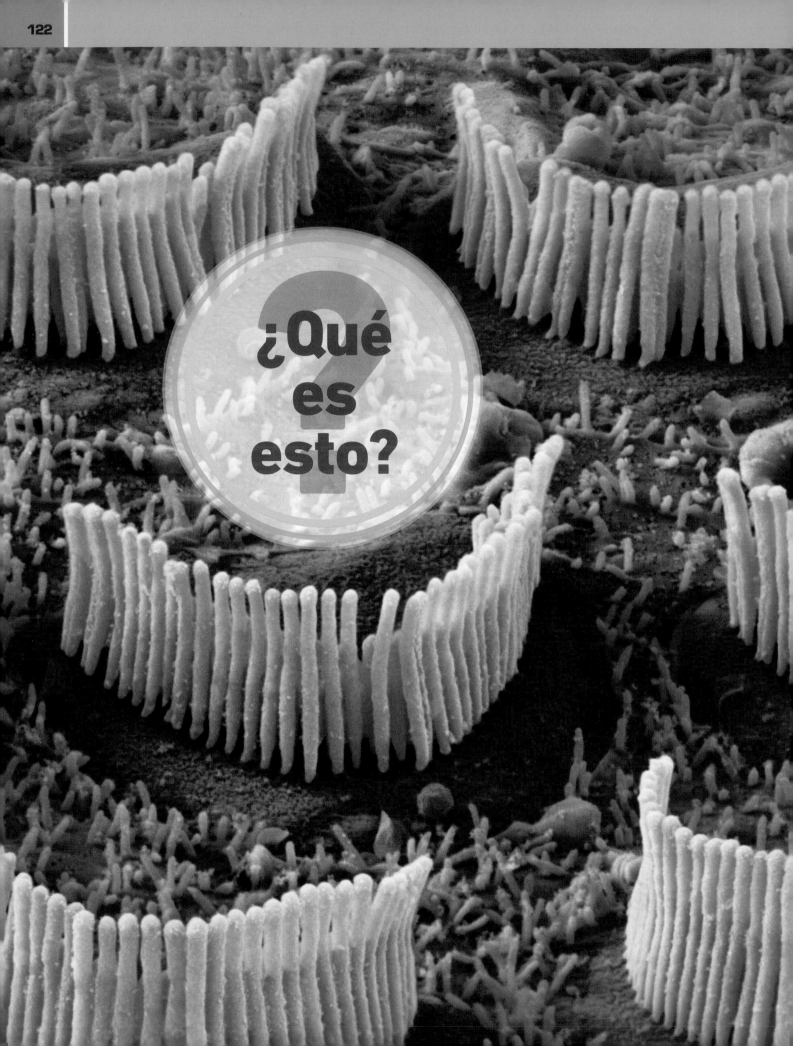

¿Qué es esto?

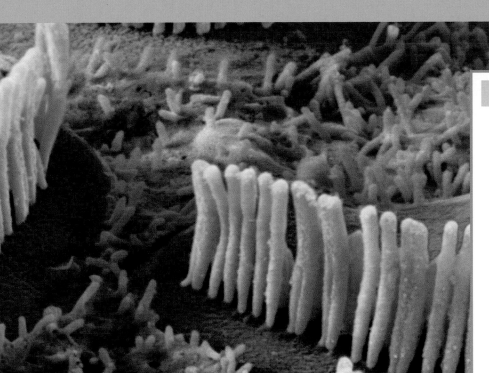

ESTEREOCILIOS

Estos pelos microscópicos son las puntas de las células detectoras de sonidos del oído. Las ondas sonoras que captan los oídos se canalizan al oído interno, donde viajan por el líquido. Las ondas hacen que estos pelos diminutos se muevan adelante y atrás, activando señales nerviosas que viajan hasta el cerebro. Estos pelos se llaman estereocilios y en esta imagen se ven aumentados 25000 veces con un microscopio electrónico.

Datos: sentidos

¿MUY FUERTE?

La **intensidad (volumen)** de un sonido depende de la cantidad de energía que tengan las **ondas sonoras**. El volumen se mide en unas unidades llamadas **decibelios (dB)**.

Avión despegando
110-140 dB

Cortacésped
unos 90 dB

Risa
unos 60 dB

Crujir de hojas
unos 10 dB

220
200
180
160
140
120
100
80
60
40
20

Bomba atómica
210 dB (sonido más fuerte producido por el ser humano)

Trueno
unos 120 dB

Lavadora
unos 80 dB

Zumbido de mosquito
unos 20 dB

Límite del oído humano:
0 dB

ESPECTRO *AUDIBLE*

El **tono**, o **frecuencia**, de un sonido (*si es agudo o grave*) se mide en **herzios (Hz)**. Los humanos oímos los sonidos que están entre **20 y 20.000 Hz**. Los sonidos más agudos son los **ultrasonidos**, mientras que un **infrasonido** es demasiado grave para que lo oigamos. Algunos animales *pueden oír ultrasonidos o infrasonidos.*

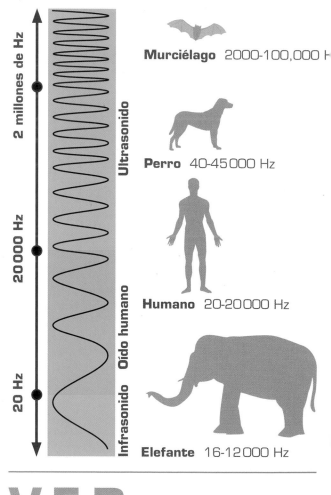

2 millones de Hz

20000 Hz

20 Hz

Ultrasonido

Oído humano

Infrasonido

Murciélago 2000-100,000 Hz

Perro 40-45000 Hz

Humano 20-20000 Hz

Elefante 16-12000 Hz

VER *LEJOS*

El objeto más distante que puedes ver a simple vista es la **galaxia de Andrómeda**, que está a **2,5 millones de años luz**. Eso significa que la ves como era hace 2,5 millones de años.

CONOS DE COLORES

Nuestros ojos cuentan con **tres tipos** de **conos** detectores del color, que son sensibles a la luz **roja**, **verde** y **azul**. Pero al combinarse, pueden detectar **millones de colores**, todos ellos **mezcla** de estos *tres colores básicos*.

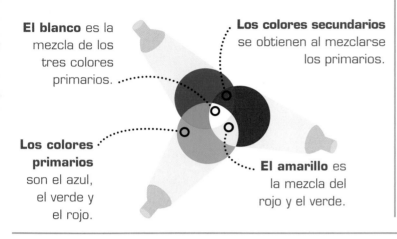

El blanco es la mezcla de los tres colores primarios.

Los colores secundarios se obtienen al mezclarse los primarios.

Los colores primarios son el azul, el verde y el rojo.

El amarillo es la mezcla del rojo y el verde.

DALTONISMO

¿Ves el **número ocho**? En algunas personas, uno de los *tres tipos de conos* es **defectuoso**, lo que provoca una **visión limitada de algunos colores**. Se conoce como daltonismo. La persona, de todas maneras, *ve bien el resto de los colores*.

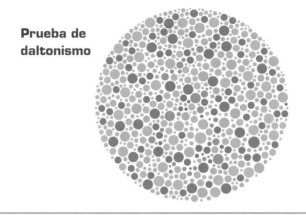

Prueba de daltonismo

GRANDES
OLFATEADORES

Gracias a su **increíble sentido del olfato**, algunos animales pueden **oler** a su pareja, la comida o el peligro *a muchos kilómetros de distancia*.

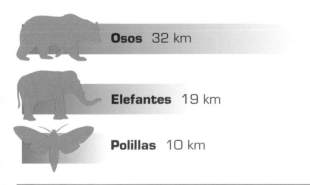

Osos 32 km

Elefantes 19 km

Polillas 10 km

LEER CON EL TACTO

Muchas **personas ciegas** leen con las *yemas de los dedos* con el sistema **braille**, en que unos **puntos en relieve** representan letras y números.

Las letras se forman con grupos de hasta seis puntos.

VER EN LA OSCURIDAD

Los animales con **buena visión nocturna** suelen tener una **mayor proporción de bastones** en los ojos. Su *visión de los colores es pobre*, pero pueden ver con **menos luz** de la que necesitamos nosotros.

▲ Ojos grandes
Los **ojos de los búhos** son el **3 por ciento de su peso**. Los nuestros son *solo el 0,02 por ciento* de lo que pesamos.

▲ Grandes pupilas
Los ojos de muchos animales nocturnos tienen unas **pupilas** que se **dilatan mucho** para dejar entrar el máximo de luz.

▲ Capa reflectante
Los ojos de los gatos tienen una **capa brillante** llamada **tapete** que *refleja la luz* dentro del ojo de manera que **ven mejor**.

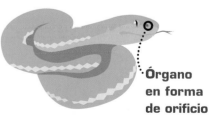

Órgano en forma de orificio

▲ Ver el calor
Algunas serpientes tienen unos **órganos** para «ver» de noche las **ondas infrarrojas (calor)** de *presas de sangre caliente*.

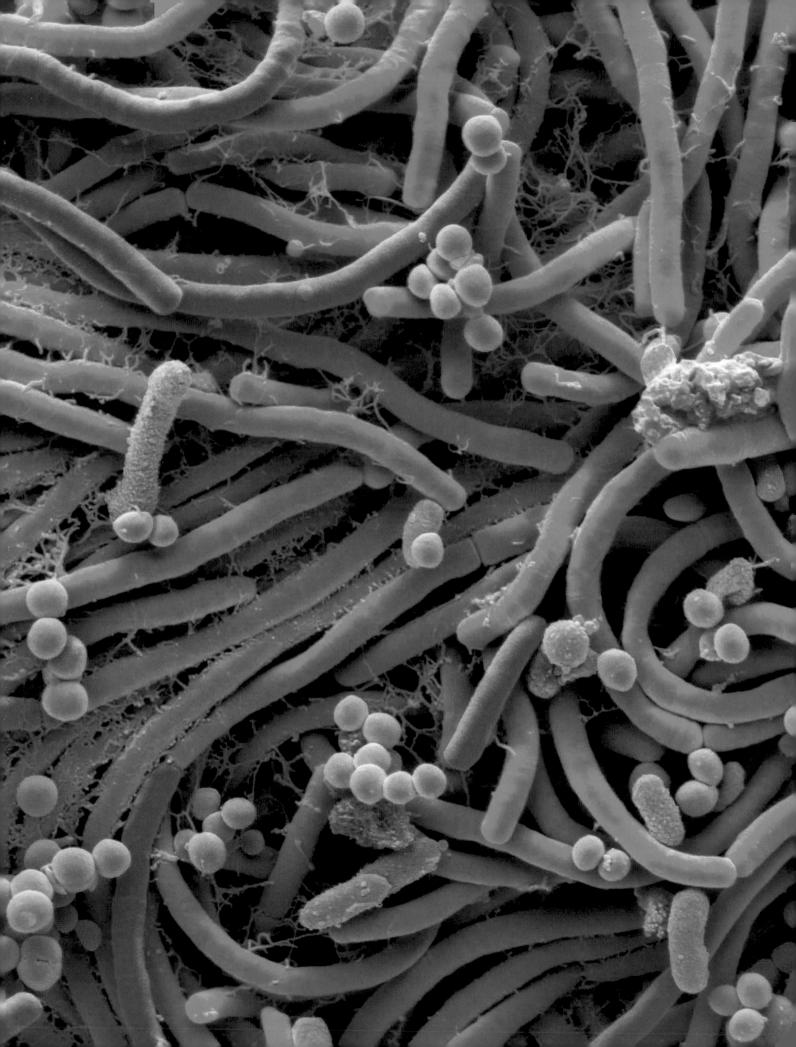

Defensa propia

Los virus, las bacterias y otros organismos microscópicos intentan colarse constantemente dentro de tu cuerpo y multiplicarse, lo que podría hacerte enfermar. Por suerte, a tu sistema inmunitario se le da muy bien detectar y eliminar estos invasores indeseados.

Esta imagen microscópica muestra algunas bacterias que crecen en las marcas hechas con los dedos en la pantalla de un móvil. Las pruebas muestran que los móviles tienen alrededor de 10 veces más bacterias por centímetro cuadrado que el asiento de un inodoro, y entre ellas están varias que causan enfermedades.

¿CUÁNTOS MICROBIOS VIVEN EN TU CUERPO?

Tu cuerpo alberga billones de otros seres vivos que son demasiado pequeños como para poderlos ver. Se llaman microbios o microorganismos, y viven por toda tu piel, dentro de tu boca, tu nariz y tus orejas, y en la mayor parte de tu aparato digestivo. La mayoría son inofensivos o incluso beneficiosos. Pero algunos pueden hacerte enfermar si se meten en la parte equivocada del cuerpo. Los microbios dañinos se llaman patógenos o gérmenes. Hay algunos patógenos que son mucho más grandes que los microbios, como unas lombrices que viven en los intestinos.

DATOS Y CIFRAS

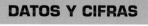

La tenia es el patógeno más grande que puede infectar a los humanos. Puede alcanzar los 9 m de largo en el intestino de una persona.

Las tenias viven en los intestinos, donde se sujetan con unos ganchos que tienen en la cabeza. No tienen ni ojos, ni boca ni estómago, y se alimentan absorbiendo los alimentos que el cuerpo ya ha digerido.

Cada mancha de esta huella es una colonia entera de hongos o bacterias. ·············· ○

Dentro de tu cuerpo y sobre él viven unos **40 billones de microbios**.

En el laboratorio, los microbios se crían en una sustancia rica en nutrientes.

Esta foto muestra microbios criados en un laboratorio a partir de la huella de la mano de una persona. Cada mancha o fragmento es una colonia formada por miles de microbios que han salido de una misma célula original. En la piel viven más de 1000 clases distintas de microbios, que se alimentan de grasa y de células de piel muerta. También puedes recoger microbios al tocar cosas con las manos. Si los microbios infectan un corte, pueden multiplicarse y provocarte dolor.

CÓMO FUNCIONA

Hay cinco tipos básicos de patógenos que infectan el cuerpo humano. Los más comunes son las bacterias y los virus.

Las bacterias son unos organismos unicelulares que se encuentran en cualquier rincón de la Tierra.

Los virus son unas partículas extremadamente pequeñas que pueden adueñarse de las células, obligándolas a hacer más copias del virus.

Los parásitos multicelulares son los patógenos más grandes e incluyen a lombrices y piojos.

Los hongos son seres vivos en forma de hebra que se alimentan de organismos vivos o muertos. Algunos hongos, como las levaduras, son unicelulares.

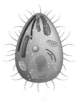

Los protozoos son microbios unicelulares que se comportan como animales diminutos. Los protozoos causan la malaria.

¿QUÉ TAMAÑO TIENE UNA
BACTERIA?

Célula
bacteriana

Las bacterias son las formas de vida más comunes de la Tierra y viven en todas partes, también en tu cuerpo. Una persona tiene, de media, más células bacterianas que células humanas, pero las bacterias son tan diminutas que constituyen menos del 1 por ciento de tu peso. Son demasiado pequeñas para verlas a simple vista, pero sin duda las has olido, porque son responsables de los olores más fuertes y desagradables producidos por el cuerpo humano.

Las bacterias son tan pequeñas que cabrían cientos en la cabeza de un alfiler.

Las bacterias viven por toda tu piel, pero prefieren los pliegues oscuros y húmedos. Científicos de Estados Unidos analizaron el ombligo de 60 personas y hallaron 2368 especies de bacterias, la mayoría de ellas desconocidas.

Una cucharadita de caca tiene unos 500 000 millones de bacterias. Tus intestinos están repletos de bacterias que ayudan a descomponer los alimentos para liberar vitaminas y otros nutrientes.

Para poder ver la bacteria *E. coli, una de las más comunes del intestino humano,* hace falta un microscopio potente, puesto que mide solo 0,0005 mm de grosor (un pelo es 200 veces más grueso). A pesar de ser diminutas, las bacterias se multiplican a gran velocidad, ya que pueden dividirse en dos cada 20 minutos. Si nada la detiene, una sola bacteria puede producir 5000 millones de billones de bacterias en 24 horas.

Los bacilos son bacterias con forma de bastón

CÓMO FUNCIONA

Las bacterias son organismos unicelulares. Suelen tener una cápsula externa protectora que a veces presenta unos pelos diminutos o una cola que les ayuda a nadar. En el interior de la célula está el ADN que contiene los genes de la bacteria. A diferencia de las células vegetales y animales, las células de las bacterias no tienen núcleo.

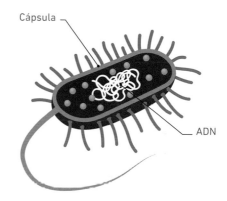

Cápsula

ADN

La caca humana está compuesta básicamente por agua y bacterias. Las bacterias de la caca se conocen como bacterias fecales. Algunos tipos pueden propagarse de una persona a otra y provocar enfermedades. Por eso debes lavarte las manos después de ir al baño.

La bacteria del cólera mata cada año unas 100000 personas.

La bacteria de la salmonela mata alrededor de 200000 personas al año.

La bacteria de la shigella mata a más de 200000 personas al año.

Cuando toses o estornudas, las gotas de moco más grandes caen enseguida al suelo, de modo que no recorren más de 2 m. Pero una nube de gotitas diminutas sigue adelante y puede llegar a recorrer 8 m cuando el aire está en calma y más si es empujada por la brisa.

Las gotas grandes de la tos o el estornudo caen tras recorrer un par de metros.

La tos y los estornudos se pueden propagar 8 m, lo que mide un autobús.

CÓMO FUNCIONA

Los gérmenes no se propagan entre las personas solo a través de la tos y los estornudos.

El contagio por contacto directo se produce cuando los gérmenes pasan de una persona a otra al tocarse.

El agua contaminada con aguas residuales puede propagar enfermedades del aparato digestivo.

Los alimentos que no han sido cocinados o que no se han preparado correctamente pueden provocar enfermedades bacterianas.

Los vectores son organismos vivos que transmiten gérmenes. Algunos mosquitos transmiten el germen que causa la malaria.

Las gotas pequeñas de la tos o el estornudo pueden recorrer varios metros por el aire en calma.

¿QUÉ DISTANCIA RECORRE UN ESTORNUDO?

Los organismos microscópicos que causan enfermedades se propagan de una persona a otra de muchas formas, pero uno de sus trucos favoritos consiste en hacer estornudar y toser a la gente. La tos o los estornudos pueden llevar unas 40 000 gotitas de moco y saliva por el aire y suelen contener gérmenes ocultos en su interior. El sarampión, las paperas, la varicela, la tuberculosis, la gripe, la COVID-19 y el refriado común se contagian de esta forma. ¡Así que usa un pañuelo de papel!

DATOS Y CIFRAS

Los científicos han captado la tos y los estornudos con cámaras de alta velocidad y han descubierto que las partículas alcanzan una velocidad de 108 km/h al salir disparadas de la nariz y la boca.

Cuando hablamos también lanzamos gotitas al aire, que luego otra persona puede aspirar. Al hablar, sin embargo, expulsamos solo pequeñas cantidades de gérmenes, por lo que a nuestro sistema inmunológico le cuesta menos aniquilarlos.

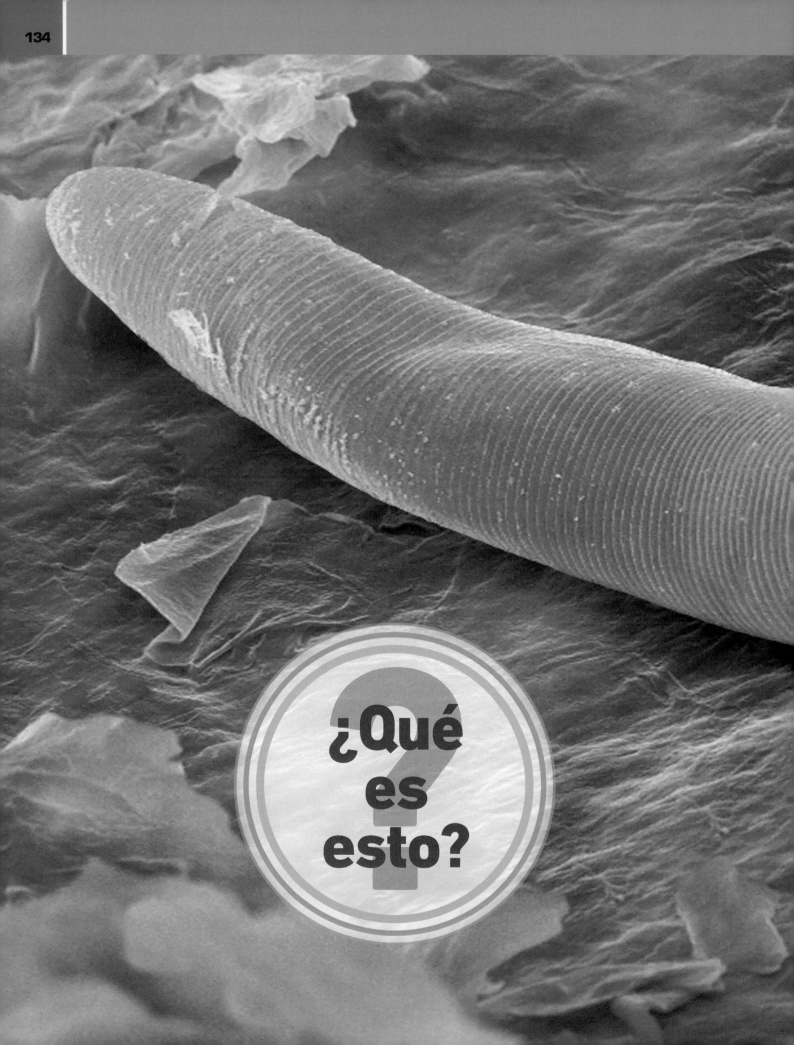

¿Qué es esto?

ÁCARO FOLICULAR

Esto es un ácaro folicular, una criatura en forma de gusano que mide menos de medio milímetro de largo y vive en la raíz de los pelos humanos. Casi todos los tenemos, y son más comunes en las pestañas, la nariz y las mejillas. De día están ocultos en las raíces de los pelos, pero por la noche se arrastran por tu cara en busca de restos de pelos frescos o de pareja. Solo viven una semana y se cree que son inofensivos.

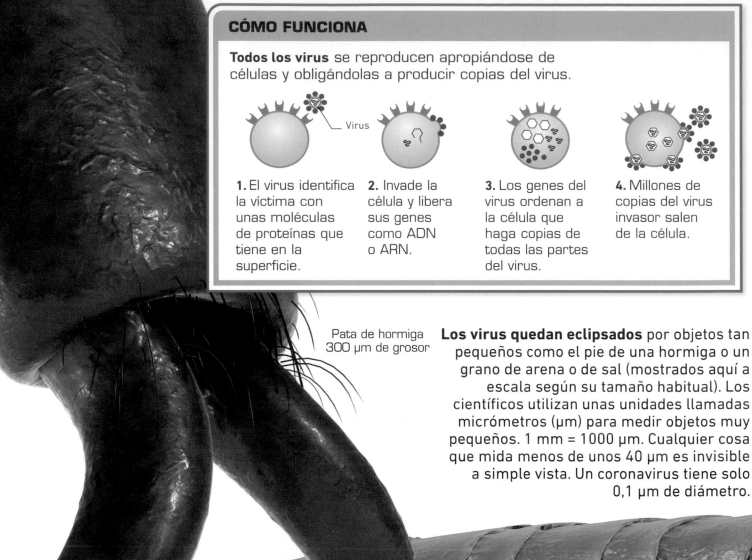

CÓMO FUNCIONA

Todos los virus se reproducen apropiándose de células y obligándolas a producir copias del virus.

Virus

1. El virus identifica la víctima con unas moléculas de proteínas que tiene en la superficie.

2. Invade la célula y libera sus genes como ADN o ARN.

3. Los genes del virus ordenan a la célula que haga copias de todas las partes del virus.

4. Millones de copias del virus invasor salen de la célula.

Pata de hormiga
300 μm de grosor

Los virus quedan eclipsados por objetos tan pequeños como el pie de una hormiga o un grano de arena o de sal (mostrados aquí a escala según su tamaño habitual). Los científicos utilizan unas unidades llamadas micrómetros (μm) para medir objetos muy pequeños. 1 mm = 1000 μm. Cualquier cosa que mida menos de unos 40 μm es invisible a simple vista. Un coronavirus tiene solo 0,1 μm de diámetro.

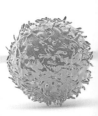

Grano de arena
120 μm

Grano de sal
60 μm

Glóbulo blanco
25 μm

¿QUÉ TAMAÑO TIENE UN VIRUS?

Los virus son tan pequeños que en un punto cabrían 400 millones. Son los seres vivos más pequeños de la Tierra y están compuestos por una simple tira de genes envuelta por una capa de proteína. De hecho, son tan pequeños y simples que la mayoría de los científicos no los consideran criaturas vivas. Los virus, sin embargo, son perfectamente capaces de reproducirse. Lo hacen invadiendo nuestras células y obligándolas a fabricar millones de copias del virus.

DATOS Y CIFRAS

Si un coronavirus se ampliara hasta el tamaño de un balón de fútbol, el cuerpo humano sería tan grande como la luna.

Los científicos calculan que hay 10 billones de trillones de virus en la Tierra. Si los colocaras uno al lado del otro, alcanzarían los 100 millones de años luz, es decir, 500 veces más que el diámetro de la galaxia de la Vía Láctea.

Un pelo es unas **1000 veces** más grueso que un **coronavirus.**

Pelo humano
120 µm de grosor

Un coronavirus tiene forma de bola y está recubierto por unas proteínas o espículas, que usa para fijarse y entrar en las células del cuerpo. Los genes del virus están dentro de la bola, almacenados en una molécula llamada ARN (ácido ribonucleico).

Grano de polen 15 µm

Partícula de polvo 10 µm

Gota de la tos 7 µm

Bacteria 2 µm

Coronavirus 0,1 µm

¿Qué es esto?

VIRUS

Los puntitos rojos de esta imagen microscópica son virus que atacan una célula del cuerpo humano. Los virus causan algunas de las enfermedades más comunes, desde la varicela y el sarampión hasta la COVID-19 y el sida. Se reproducen invadiendo nuestras células y apropiándose de ellas, ya que no tienen células propias. El que vemos aquí se llama VIH (virus de la inmunodeficiencia humana) y causa el sida (síndrome de inmunodeficiencia adquirida). Una de las razones por las que este virus es tan peligroso es que invade las células del sistema inmunitario y destruye así las defensas del organismo.

¿POR QUÉ HUELEN LOS PIES?

¿Qué es ese olor a queso? ¡Pueden ser tus pies! El olor a pies es algo completamente normal y se debe a una bacteria que se alimenta de la piel sudada. A medida que creces, otras partes de tu cuerpo empiezan a producir un tipo de sudor pringoso que a las bacterias les encanta y que hace que huelas más fuerte. Si no quieres que te huelan los pies, ahí va una solución muy simple: mantén los pies secos. Las bacterias de la piel necesitan humedad para sobrevivir.

Los pies deben su olor a las mismas bacterias con que se **elabora el queso.**

Esta imagen microscópica muestra las bacterias de los pies aumentadas 10000 veces. Estas bacterias se alimentan de las células cutáneas en descomposición que tienes entre los dedos y en las plantas.

DATOS Y CIFRAS

En el siglo xv se puso de moda llevar ramos de flores para enmascarar los olores desagradables.

A los mosquitos que se alimentan de sangre humana les gusta el olor a pies.

El perfume suele usarse para enmascarar olores corporales naturales. Los perfumes más caros contienen ámbar gris, una cera de olor intenso que está en la caca de ballena.

El olor a queso de los pies se debe a la *brevibacterium*, una bacteria que se usa para hacer quesos que huelen fuerte, como la raclette y el Limburger. Alrededor de 1 de cada 10 personas tiene además una bacteria especialmente apestosa llamada *kytococcus*, responsable de que sus pies huelan a huevos podridos.

CÓMO FUNCIONA

El sudor lo producen las glándulas sudoríparas para enfriar el cuerpo. Al crecer, unas glándulas sudoríparas especiales que tienes en las axilas, las ingles, los conductos auditivos, los párpados y la nariz empiezan a producir un sudor maloliente y pringoso que es el responsable del olor corporal.

Las glándulas sudoríparas ecrinas producen un sudor acuoso que enfría tu cuerpo.

Las glándulas sudoríparas apocrinas producen un sudor pringoso que hace que huelas.

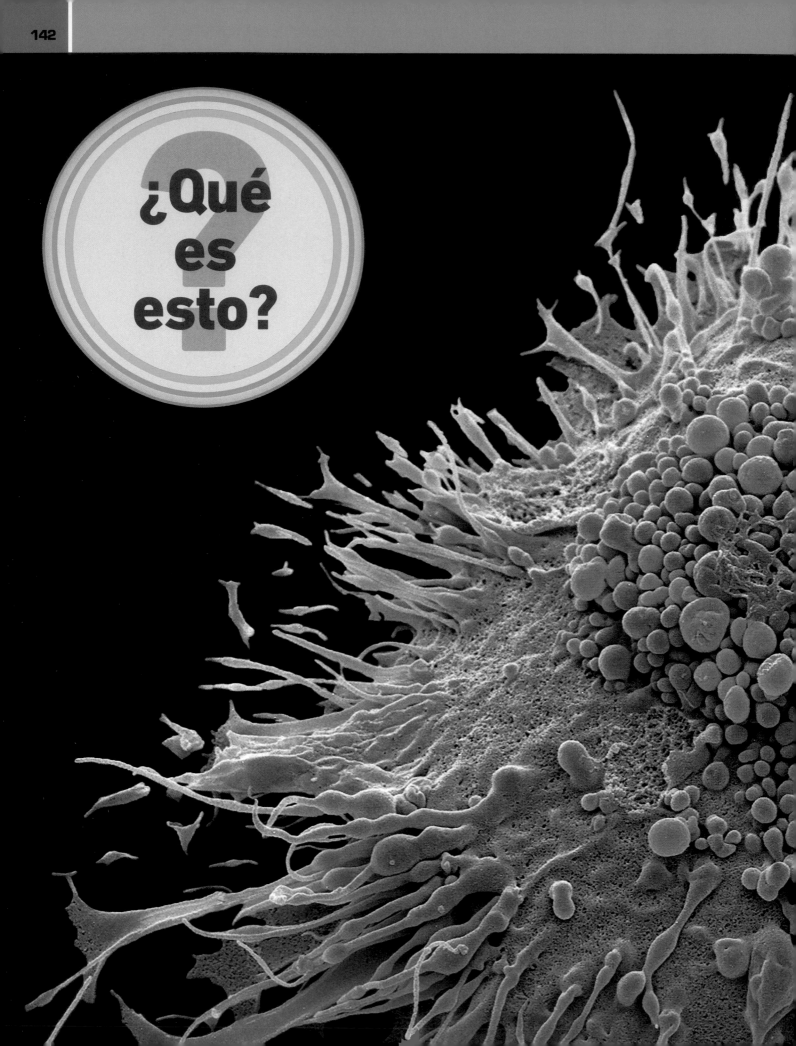

¿Qué es esto?

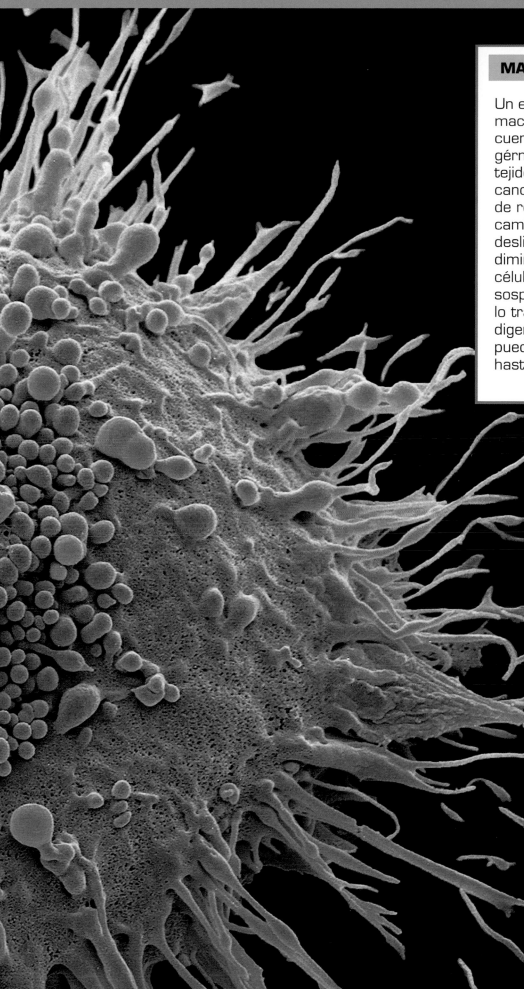

MACRÓFAGO

Un ejército de células llamadas macrófagos patrulla por tu cuerpo sin parar en busca de gérmenes, como bacterias, tejidos dañados, células cancerígenas o cualquier tipo de residuos. Se desplazan cambiando de forma y deslizándose por los huecos diminutos que hay entre las células. Si encuentran algo sospechoso, lo rodean y se lo tragan, para aniquilarlo y digerirlo. Un solo macrófago puede tragarse y digerir hasta 100 bacterias.

Datos: sistema inmunitario

BARRERAS CORPORALES

A los **gérmenes** (patógenos) les cuesta *entrar en tu cuerpo*, pues este tiene muchas barreras *para atraparlos y destruirlos.*

Las **lágrimas** contienen una sustancia que *deshace* y mata las bacterias.

La **cera** que segrega el canal auditivo ayuda a *limpiar* la suciedad y los gérmenes.

El **moco** es un fluido pegajoso que *atrapa* los gérmenes que te tragas o inhalas.

La **piel** forma una gruesa capa impermeable que los gérmenes *no pueden atravesar.*

El **ácido que** produce tu estómago *mata* los gérmenes ingeridos.

En la **saliva** hay sustancias que *destruyen* los gérmenes de la boca.

ATACAR Y DESTRUIR

Cuando los gérmenes **invaden** tu cuerpo, las células de tu **sistema inmunitario** *se lanzan al ataque.* Los **glóbulos blancos** *salen de los vasos sanguíneos* y se acumulan allí donde se encuentran los gérmenes, formando el pus. Muchas de estas células son **macrófagos,** que *se tragan y digieren* a los patógenos o las células corporales dañadas.

Macrófago

Gérmenes que son digeridos

Partículas de residuos liberadas

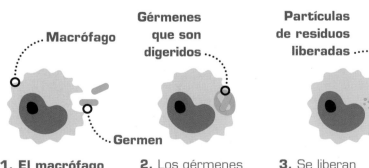

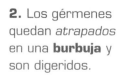

Germen

1. El macrófago identifica los **gérmenes** como *cuerpos extraños* y los *envuelve.*

2. Los gérmenes quedan *atrapados* en una **burbuja** y son digeridos.

3. Se liberan residuos inocuos y el macrófago *continúa a la caza* de **invasores.**

INMUNIDAD

Unos glóbulos blancos especiales llamados células de memoria *recuerdan los gérmenes* que te han infectado. Si esos mismos gérmenes invaden tu cuerpo *de nuevo,* las células de memoria producen grandes cantidades de unas sustancias químicas defensivas llamadas anticuerpos, que *aniquilan a los invasores* y te proporcionan **inmunidad.** Las *vacunas* inmunizan a la gente de forma artificial. Se preparan a partir de gérmenes modificados, que son inocuos pero *activan la producción de* células de memoria.

Gérmenes modificados

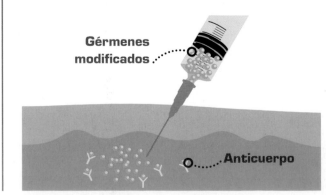

Anticuerpo

ALERGIAS

A veces el sistema inmunitario reacciona de una manera **exagerada** y en lugar de atacar a los gérmenes, **ataca** a *sustancias que normalmente son inofensivas*, provocando una **alergia.** La parte afectada del cuerpo *se inflama y se sensibiliza.* Las **reacciones alérgicas graves** pueden ser *peligrosas*, ya que pueden dañar el **corazón** o los **pulmones** de la persona afectada. He aquí algunas *alergias comunes.*

Pelo animal

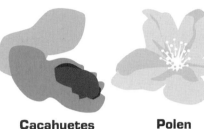

Cacahuetes

Polen

Polvo doméstico

Picaduras

Antibióticos

EPIDEMIAS

Algunos gérmenes pueden propagarse rápidamente e **infectar a una gran cantidad de personas**. Cuando eso ocurre hablamos de una epidemia. Si la **epidemia** *se propaga por todo el mundo* afectando a distintos países, hablamos de **pandemia.**

Las pandemias principales

Peste negra
1346-1353
75-200 millones de muertos

Gripe española
1918-1920
17-100 millones de muertos

Primera peste bubónica
541-542
15-100 millones de muertos

VIH/SIDA
1981-actualidad
35 millones de muertos

Tercera pandemia de peste
1855-1960
12 millones de muertos

PARÁSITOS ESPANTOSOS

Los parásitos son pequeños organismos que *viven sobre o dentro de otros organismos* y se alimentan de su **cuerpo.** Muchos de los parásitos de los seres humanos no son nocivos, pero algunos causan **enfermedades espantosas.**

Los gusanos filiformes se propagan con las picaduras de insectos. Pueden *vivir en el cuerpo durante años* y hacer que las piernas *se hinchen* como **patas de elefante.**

Los éstridos *ponen los huevos en los mosquitos,* que al **picar** a las personas los dejan sobre su piel. *Los gusanos* eclosionan y **se meten en la herida** de la picadura *para alimentarse de carne.*

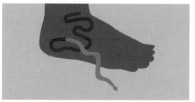

Los gusanos de Guinea *se propagan por el agua sucia.* Tras vivir varios meses en el cuerpo de una persona, la **hembra** *sale de la burbuja* para completar su ciclo vital.

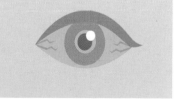

La acanthamoeba es un organismo unicelular de suelo que puede *infectar* a través de las **lentillas sucias.** *Las cicatrices del ojo* pueden causar **ceguera.**

Los anquilostoma pueden infectar a las personas que *van descalzas* por terrenos en los que hay **caca humana.** Van por *el cuerpo* hasta el **intestino,** donde ponen huevos.

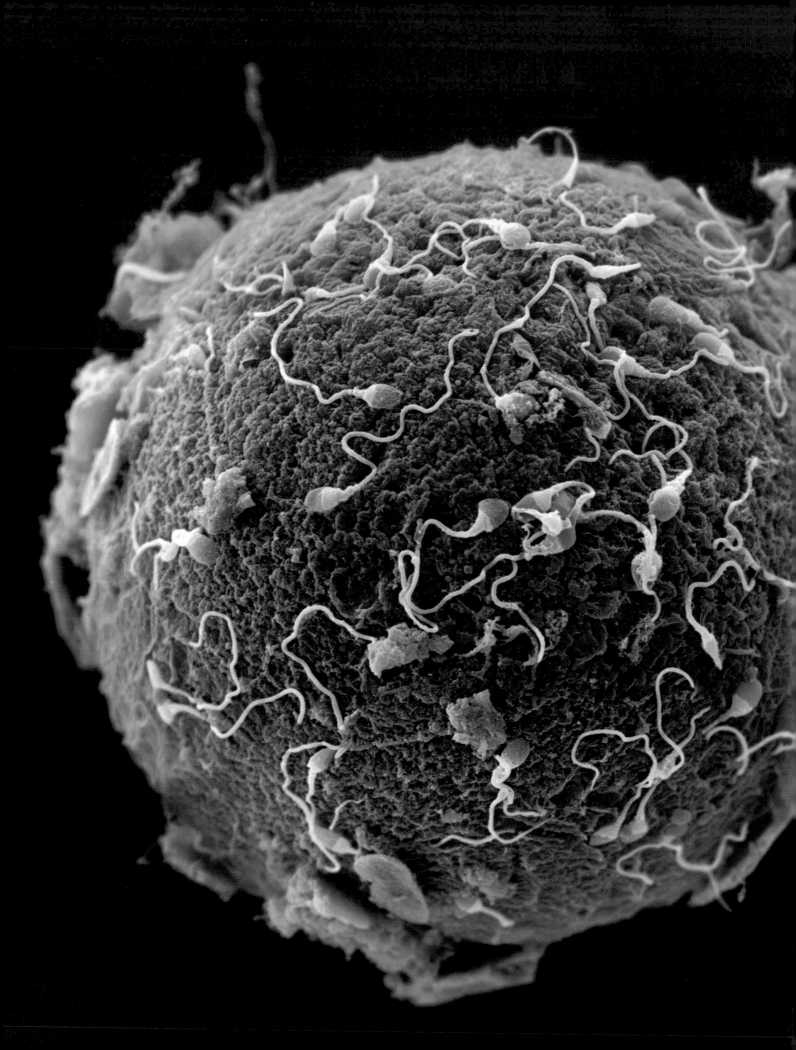

El ciclo de la vida

Tu vida empezó unos nueve meses antes de que nacieras. Al principio eras una sola célula del tamaño de un punto, pero con el tiempo creciste y te desarrollaste hasta convertirte en un cuerpo complejo formado por billones de células.

Cuando un espermatozoide se une a un óvulo empieza una nueva vida. Este proceso se llama fertilización y suele tener lugar en el cuerpo de la madre. Se produce una enorme cantidad de espermatozoides. Miles de ellos compiten por ser el primero en encontrar un óvulo en el que entrar, pero solo uno lo conseguirá.

¿QUÉ TAMAÑO TIENE UN BEBÉ?

El cuerpo humano empieza siendo una sola célula que mide una décima de milímetro de grosor. En las semanas siguientes, esta diminuta partícula de vida se transforma en un bebé con un cuerpo plenamente operativo de 2-3 billones de células. La mayor parte de sus órganos se forman durante los dos primeros meses, mientras es más pequeño que tu pulgar y recibe el nombre de embrión. Pasa otros siete meses creciendo en el cuerpo de su madre hasta que está listo para salir al mundo exterior.

CÓMO FUNCIONA

Los bebés se desarrollan en una parte del cuerpo de la madre llamada útero. Esta cámara muscular está llena de líquido para evitar que el bebé choque y se golpee. Dentro del útero se forma un órgano llamado placenta. A través de los vasos sanguíneos del cordón umbilical, que llega hasta la placenta, el bebé obtiene oxígeno y nutrientes de la madre.

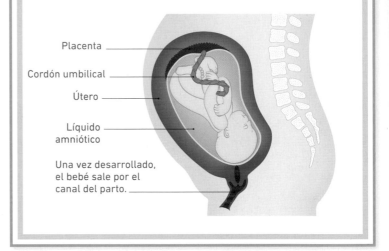

Placenta

Cordón umbilical

Útero

Líquido amniótico

Una vez desarrollado, el bebé sale por el canal del parto.

Con un mes, un embrión humano tiene el tamaño de una pepita de manzana.

Con un mes, el embrión tiene el tamaño de una pepita de manzana y se parece un poco a un renacuajo. Tiene cabeza y cola, pero todavía no tiene ni brazos ni piernas.

Con dos meses, el embrión es como una frambuesa. Tiene brazos y piernas con las manos y los pies palmeados, y se le están formando la boca, la lengua y los dientes.

Con tres meses, el feto tiene el tamaño de un limón y pasa a llamarse feto, en vez de embrión. Puede abrir y cerrar los dedos y chuparse el pulgar.

Con cuatro meses, el feto es del tamaño de una pera y puede mover los brazos y las piernas. Empieza a crecerle el pelo y puede oír sonidos.

Con cinco meses, el feto tiene el tamaño de una papaya y empieza a parecerse a un bebé. Sus ojos siguen cerrados, pero puede percibir la luz y la oscuridad.

DATOS Y CIFRAS

Los bebés pueden saborear la comida de su madre en el vientre. Se tragan el líquido amniótico cuando perciben algo dulce.

El embarazo humano más largo del que se tiene noticia duró 375 días, 95 días más que la media.

375

Con seis meses, el feto ha alcanzado ya el tamaño de un pomelo grande. Puede tragar el líquido que le rodea y sus pulmones empiezan a moverse.

Con siete meses, el feto es del tamaño de un coco. Puede reconocer la voz de su madre, pero pasa la mayor parte del tiempo durmiendo o soñando.

Con ocho meses, el feto tiene el tamaño de un melón Galia y le funcionan todos los órganos. En el útero tiene mucho menos espacio para moverse.

Con nueve meses, el feto tiene el tamaño de una sandía y está listo para salir al exterior. Sus pulmones están completamente formados, pero no toman la primera bocanada de aire hasta que el bebé nace.

¿Qué
es
esto?

ECOGRAFÍA

El escáner de ultrasonidos o ecografía utiliza los ecos de las ondas sonoras de alta frecuencia y crea imágenes de las estructuras del cuerpo, o del feto en el útero de su madre. Con solo 21 semanas, este bebé es tan pequeño que cabe en la palma de una mano, pero ya puede mover los brazos y las piernas, chuparse el pulgar y oír.

¿CUÁNTO
ADN TIENES?

El ADN es una molécula asombrosa que contiene todos tus genes, es decir, las instrucciones necesarias para crear y hacer funcionar tu cuerpo. En cada núcleo celular de tu cuerpo hay 2 m de ADN, lo que hace un total de 6000 millones de kilómetros de ADN. Tus genes se almacenan como un código formado por cuatro letras que se repite por toda la molécula de ADN.

Tu ADN, extendido, podría llegar al Sol y volver 20 veces.

CÓMO FUNCIONA

El ADN se empaqueta en unas estructuras llamadas cromosomas, que se almacenan en el núcleo de tus células. Las células humanas tienen 46 cromosomas, pero otros organismos tienen una cantidad distinta. Así, las células de los perros tienen 78 cromosomas y las de los guisantes, 14.

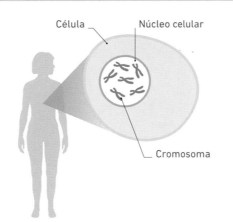

Célula   Núcleo celular

Cromosoma

El código de cuatro letras del ADN hace referencia a cuatro sustancias químicas: A (adenina), C (citosina), T (timina) y G (guanina). Un solo gen puede llegar a tener 2 millones de letras.

El ADN tiene forma de escalera retorcida. Los peldaños de la escalera están formados por cuatro sustancias químicas distintas llamadas bases, que aquí se muestran con cuatro colores diferentes. La secuencia de estas bases forma un código, como si se tratara de un libro muy largo escrito con tan solo cuatro letras. Los distintos tramos del código forman lo que denominamos genes. Tú tienes unos 20 000 genes en total.

El ADN es la molécula de la vida. Su nombre completo es ácido desoxirribonucleico. ......

DATOS Y CIFRAS

¡Te pareces al plátano! Compartes el 41 por ciento de tu secuencia de ADN con un platanero, el 61 por ciento con una mosca y el 85 por ciento con un ratón. Eso se debe a que todas las especies están emparentadas.

Si imprimieras todos tus genes (tu genoma) llenarías 262 000 hojas, o el equivalente a unos 175 libros muy extensos y extremadamente aburridos.

Datos: reproducción

REPRODUCCIÓN SEXUAL

En la reproducción sexual intervienen **un padre y una madre**. Producen células sexuales *femeninas y masculinas* (óvulos y espermatozoides), que se unen para formar una célula llamada **cigoto**. Luego el cigoto se *divide y se transforma* en un **embrión**. Los descendientes reproducidos sexualmente presentan una **mezcla única de genes** procedentes de ambos progenitores.

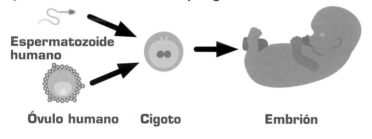

Espermatozoide humano

Óvulo humano　**Cigoto**　　　**Embrión**

REPRODUCCIÓN ASEXUAL

Algunos animales y muchas plantas se reproducen asexualmente, lo que requiere **un solo progenitor.** Los descendientes que salen de la reproducción asexual se llaman **clones** y tienen los mismos **genes exactos** que su progenitor.

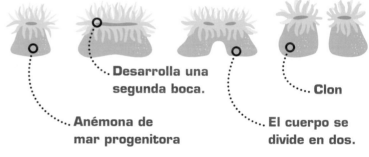

Desarrolla una segunda boca.

Clon

Anémona de mar progenitora

El cuerpo se divide en dos.

Reproducción asexual de una anénoma de mar

EN EL VIENTRE

Una vez que el **óvulo** humano es **fertilizado** por un espermatozoide, se transforma en una bolita de células y se implanta en la pared del vientre materno, o **útero**, donde empieza a transformarse en un bebé.

1. Un espermatozoide y un óvulo **se unen en una única célula** llamada cigoto.

2. El cigoto se **divide para producir dos células,** luego cuatro, luego ocho…

3. La división celular produce un grupo de células *en forma de frambuesa*.

4. La bola de células se fija al **útero**, que la alimenta. Las células de su interior *formarán un bebé*.

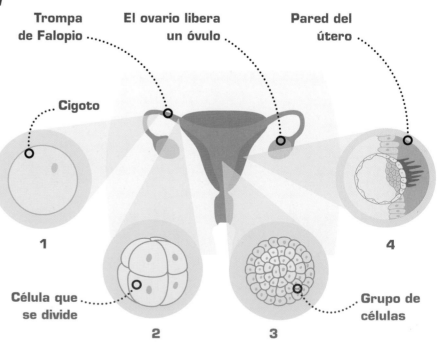

Trompa de Falopio　**El ovario libera un óvulo**　**Pared del útero**

Cigoto

Célula que se divide

Grupo de células

1　　2　　3　　4

¿NIÑO o NIÑA?

La mayor parte de tus **rasgos físicos** dependen de los genes que tus padres te transmiten. Los genes se almacenan en **46 cromosomas**, presentes en todos los núcleos celulares. Dos **cromosomas sexuales**, llamados **X** e **Y**, determinan tu sexo. Las mujeres tienen dos cromosomas X, mientras que los hombres tienen un cromosoma X y uno Y.

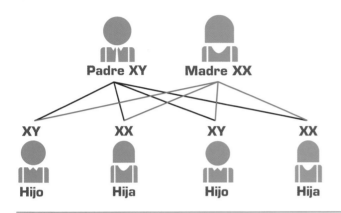

CRECIMIENTO
ACELERADO

Creces más al principio de la adolescencia. Tu cerebro libera una **hormona del crecimiento** que hace que tus huesos se alarguen y que *aumentes rápidamente de estatura*, lo que se conoce como un máximo de crecimiento. Estos máximos suelen *darse antes en las niñas que en los niños.*

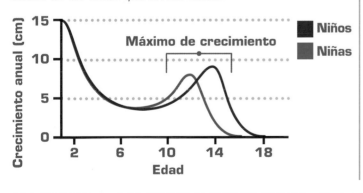

METAMORFOSIS

Los **seres humanos** pasan por un período de cambio llamado **adolescencia** entre la *infancia* y la *edad adulta*. Algunos animales experimentan una transformación más drástica, que se conoce como **metamorfosis**.

Ciclo vital de un anfibio

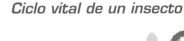

Huevo
Las ranas ponen sus huevos en el agua. Estos están protegidos por una gruesa capa de gelatina.

Renacuajos
Los huevos eclosionan y salen los renacuajos, que tienen branquias para respirar bajo el agua.

Crecimiento
A los renacuajos les salen las patas. Pierden las branquias y empieza a tragar bocanadas de aire en la superficie.

Ranita
Aparecen las patas delanteras y la cola se encoge. La joven ranita sale del agua.

Rana adulta
Las ranas respiran aire y se mueven por el suelo, pero regresan a las charcas para reproducirse.

Ciclo vital de un insecto

Huevo
Las mariposas ponen sus huevos en el dorso de las hojas. Las larvas (crías de insecto) eclosionan.

Oruga
La larva de la mariposa se llama oruga. La oruga se alimenta de hojas sin parar.

Crecimiento
La oruga cambia de piel, o la muda, varias veces.

Crisálida
La oruga entra en una fase de reposo que se conoce como crisálida. Su cuerpo cambia lentamente.

Mariposa adulta
Un adulto alado sale de la crisálida. Ya no puede crecer más.

GESTACIÓN

Algunos animales tienen un **embarazo más largo** que el de los seres humanos. Gracias a eso sus crías están **bien desarrolladas** al nacer, lo que aumenta sus posibilidades de **supervivencia**.

Ser humano
Embarazo de 9 meses

Jirafa
Embarazo de 15 meses

Elefante
Embarazo de 22 meses

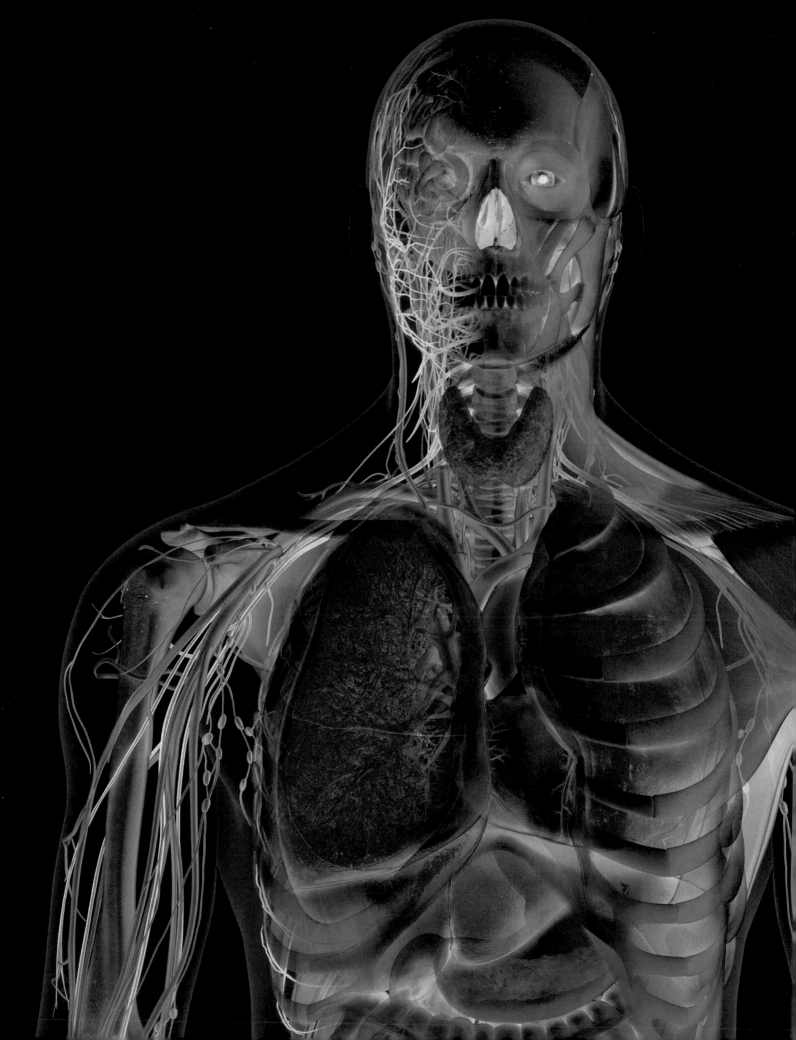

Tus sistemas operativos

Tu cuerpo es una maquinaria compleja formada por muchas piezas distintas, desde células microscópicas hasta órganos importantes como el corazón y el cerebro. Los órganos se agrupan en sistemas y cooperan entre sí para llevar a cabo tareas difíciles como la digestión de los alimentos o hacer que tu cuerpo se mueva.

Los distintos sistemas del cuerpo están interrelacionados. Por ejemplo, tu sistema muscular envuelve tu sistema óseo, y ambos son sustentados por tu sistema circulatorio y controlados por tu sistema nervioso.

ESQUELETO

Los huesos que forman tu esqueleto, o sistema óseo, sostienen el cuerpo, le dan forma y protegen los órganos vitales, como el cerebro y el corazón. Algunos huesos también ayudan a generar células sanguíneas.

Los huesos se unen entre sí con las articulaciones. La mayor parte de las articulaciones, como los codos y las rodillas, son flexibles para permitir el movimiento. Pero otras, como las que hay entre los huesos del cráneo, no pueden moverse.

El cráneo contiene y protege el cerebro. El cráneo, la columna vertebral y la caja torácica forman el esqueleto axial.

La cintura escapular tiene unas articulaciones flexibles allí donde los brazos se anclan al torso. La cintura escapular, la cintura pélvica y los huesos de brazos y piernas forman el esqueleto apendicular, que sostiene las extremidades.

La caja torácica rodea y protege los pulmones y el corazón. Los músculos permiten que la caja torácica suba y baje al inspirar y espirar.

La columna vertebral (espina) contiene y protege la médula espinal.

La cintura pélvica tiene unas articulaciones de cadera flexibles allí donde las piernas se anclan al cuerpo principal.

Los brazos y las piernas tienen un único hueso en la parte superior (el húmero y el fémur respectivamente) que se une a otros dos situados en la parte inferior (el cúbito y el radio en el brazo, y la tibia y el peroné en la pierna). La articulación que hay entre ellos funciona como una bisagra y permite flexionar, o doblar, la extremidad.

Los ligamentos son tejidos que unen los huesos entre sí.

Médula ósea

Líquido sinovial

Membrana sinovial

Hueso compacto

El cartílago actúa como un cojín entre los huesos.

Hueso esponjoso

Los huesos de una articulación sinovial tienen la punta cartilaginosa. El líquido sinovial permite que los huesos se deslicen fácilmente uno sobre el otro. Entre este tipo de articulaciones están los hombros, las caderas, las rodillas, los codos y las de los dedos de manos y pies.

Esqueleto axial

Esqueleto apendicular

MÚSCULOS

Tu sistema muscular está formado por unos tejidos carnosos llamados músculos que son los responsables del movimiento al contraerse (acortándose) y tirar de otras partes del cuerpo. Algunos músculos tiran de los huesos para mover el esqueleto. Otros, en cambio, comprimen las paredes de los órganos vitales, como el corazón.

Los músculos que están conectados a los huesos se llaman músculos voluntarios, porque los controlas de forma consciente. Los músculos de los órganos vitales funcionan de forma automática, sin que pienses en ellos.

El músculo pectoral es uno de los numerosos músculos que ayudan a mover el brazo alrededor del hombro. Se contrae para rotar el brazo o balancearlo hacia delante.

Los músculos del vientre (abdominales) sustentan la espina dorsal y la parte superior del cuerpo. Al contraerse ayudan a inclinar la columna hacia delante.

Los músculos del brazo se contraen para tirar de los tendones que atraviesan la mano y doblar los dedos.

Los cuádriceps de la parte anterior del muslo se contraen para enderezar la pierna. Los músculos de la parte posterior del muslo se contraen para doblar la pierna por la rodilla.

Los tendones (unas bandas de tejido blando) unen los músculos a los huesos.

TIPOS DE MÚSCULO

El cuerpo humano consta de tres tipos básicos de músculos. Los músculos esqueléticos mueven los huesos. Los músculos lisos se encuentran en algunos órganos huecos del interior del cuerpo, como las vísceras. Los músculos cardíacos se encargan de que el corazón siga latiendo.

El músculo esquelético tiene células cilíndricas que parecen rayadas y no se bifurcan.

El músculo liso está formado por células ahusadas sin rayas que no se bifurcan.

El músculo cardíaco (en el corazón) tiene células rayadas que se bifurcan.

CIRCULACIÓN DE LA SANGRE

La sangre transporta sustancias químicas, como oxígeno, nutrientes y desechos, por todo tu cuerpo a través de una red de conductos llamados vasos sanguíneos. No deja de circular porque el corazón forma parte de este sistema circulatorio. El corazón bombea la sangre a través de los vasos sanguíneos.

El corazón bombea sangre a las células del cuerpo para llevarles nutrientes y oxígeno. Esta sangre rica en oxígeno circula por las arterias (en rojo). La sangre que circula de vuelta al corazón transporta desperdicios producidos por las células y circula por las venas (en azul).

CAPILARES SANGUÍNEOS

Las arterias se dividen en miles de millones de capilares microscópicos que llevan oxígeno y nutrientes a las células. Los capilares unen las arterias con las venas para que la sangre que transporta los residuos pueda regresar al corazón.

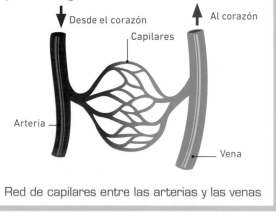

Red de capilares entre las arterias y las venas

La vena cava es la vena más grande del cuerpo; recibe sangre de las venas más pequeñas repartidas por el cuerpo y la lleva de vuelta al corazón.

El corazón tiene unas cámaras musculares que laten para comprimir la sangre y aumentar la presión. La sangre siempre circula desde un lugar de presión alta hasta un lugar de presión baja.

La aorta, la arteria más grande del cuerpo, lleva la sangre desde el corazón hasta las arterias más pequeñas.

Las venas más pequeñas transportan la sangre desde las células de los tejidos corporales hasta la vena cava.

De la aorta salen arterias más pequeñas que llevan sangre rica en oxígeno a las células de distintas partes del cuerpo.

SISTEMA LINFÁTICO

El líquido procedente de la sangre y los tejidos corporales se acumula en el espacio que hay entre las células. El sistema linfático es una red de conductos que recoge dicho líquido y lo devuelve a la sangre en forma de linfa. Algunas partes del sistema linfático ayudan a producir células que combaten las infecciones.

CIRCULACIÓN DE LA LINFA

La sangre está sometida a presión por el corazón, lo que hace que el líquido salga de los capilares y se recoja como líquido tisular. Este se drena en los vasos linfáticos en forma de linfa. Las válvulas de los vasos se encargan de que la linfa circule siempre en una dirección.

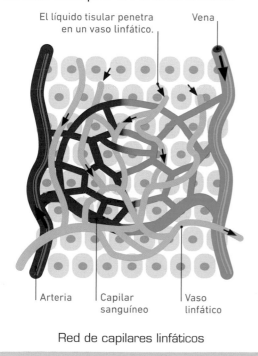

El líquido tisular penetra en un vaso linfático.

Vena

Arteria

Capilar sanguíneo

Vaso linfático

Red de capilares linfáticos

El líquido que se drena a través del sistema linfático va a parar a las venas. En otras partes del sistema, como la médula ósea y los ganglios linfáticos, tu cuerpo produce unos glóbulos blancos que combaten las infecciones llamados linfocitos.

Los conductos vacían el líquido recogido por el sistema linfático en la vena más grande del cuerpo, la vena cava, y lo devuelven al torrente sanguíneo.

La glándula timo es el lugar donde los linfocitos terminan de desarrollarse.

El bazo, el órgano linfático más grande, contribuye a que los glóbulos blancos se multipliquen y los almacena hasta que son necesarios.

Unas agrupaciones de ganglios que hay en el intestino delgado ayudan a protegerte de cualquier microbio dañino presente en los alimentos que ingieres.

Los linfocitos maduran y se multiplican en los ganglios linfáticos. Los ganglios filtran el líquido que circula por el sistema linfático y destruyen cualquier cosa que pueda provocar una infección.

La médula (no se muestra) que hay en el interior de algunos huesos produce linfocitos.

DIGESTIÓN

Tu cuerpo necesita nutrientes para crecer y alimentar las células, y el sistema digestivo descompone los alimentos que ingieres para liberar dichos nutrientes. Al pasar por el sistema digestivo, la comida se licua, para que los nutrientes puedan ser absorbidos por el torrente sanguíneo.

El sistema digestivo, o intestino, se extiende desde la boca hasta el ano. Sus paredes contienen músculos que se encargan de batir y mover la comida, glándulas que liberan jugos para facilitar la digestión y vasos sanguíneos que transportan los nutrientes absorbidos.

El esófago (tubo digestivo) transporta los alimentos hasta el estómago.

El estómago bate la comida hasta que se licua y está lista para pasar al resto del aparato digestivo. Sus glándulas liberan unos jugos que se encargan de digerir las proteínas.

El hígado produce bilis, que ayuda a descomponer la grasa, controla el nivel de azúcar y neutraliza los venenos.

El intestino delgado libera unos jugos que se encargan de completar la digestión y de absorber la mayoría de los nutrientes.

El intestino grueso absorbe el agua del material sobrante no digerido, que luego es expulsado del cuerpo en forma de heces (caca).

ABSORCIÓN DE NUTRIENTES

El intestino delgado está recubierto de diminutas proyecciones en forma de dedo llamadas vellosidades. Juntas tienen una enorme superficie para poder absorber los nutrientes en la sangre y la linfa.

Las glándulas liberan jugos gástricos.

Red de capilares sanguíneos

Lácteo (vaso linfático para absorber la grasa)

Los nutrientes son absorbidos por la sangre y la linfa de cada vellosidad.

Cómo se absorben los nutrientes en el intestino delgado

Vellosidad

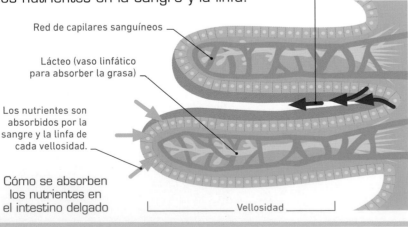

RESPIRACIÓN

Al respirar usando las vías respiratorias y los pulmones, el oxígeno del aire entra en tu cuerpo y el dióxido de carbono es expulsado de él. Las células del cuerpo utilizan el oxígeno para liberar energía del azúcar en un proceso llamado respiración. El dióxido de carbono es un producto residual de la respiración.

La tráquea transporta el aire que inhalamos y exhalamos por el sistema respiratorio.

Los pulmones contienen millones de cámaras de aire microscópicas llamadas alvéolos. Los alvéolos están rodeados de capilares sanguíneos microscópicos.

El diafragma es un músculo grande situado debajo de la cavidad torácica que se contrae para que el aire entre en los pulmones al inhalar y se relaja al exhalar.

INTERCAMBIO DE GASES

Las paredes de los alvéolos y los capilares sanguíneos de los pulmones tienen el grosor de una célula, lo que facilita el paso del aire entre ellos.

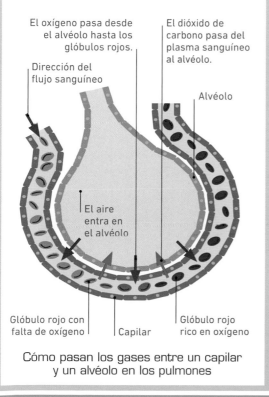

El oxígeno pasa desde el alvéolo hasta los glóbulos rojos.

El dióxido de carbono pasa del plasma sanguíneo al alvéolo.

Dirección del flujo sanguíneo

Alvéolo

El aire entra en el alvéolo

Glóbulo rojo con falta de oxígeno

Capilar

Glóbulo rojo rico en oxígeno

Cómo pasan los gases entre un capilar y un alvéolo en los pulmones

Las vías respiratorias que salen de la boca y la nariz canalizan el aire hacia los pulmones, dentro de la cavidad torácica. Las vías se bifurcan una y otra vez creando una vasta superficie en la que el oxígeno puede ser absorbido por el torrente sanguíneo.

RIÑONES Y VEJIGA

Mientras desempeñan sus tareas, las células generan residuos tóxicos, entre ellos urea. El aparato urinario, formado por los riñones y la vejiga, expulsa la urea del cuerpo a través de un líquido llamado orina.

En la médula renal, la capa interna del riñón, es donde las sustancias útiles son devueltas a la sangre, para que la orina presente solo residuos y agua.

La arteria renal (en rojo) lleva la sangre para que sea filtrada.

Una glándula del cerebro segrega una hormona que controla la cantidad de agua que los riñones liberan en la orina.

Los riñones filtran la sangre que reciben del sistema circulatorio para producir orina, un líquido compuesto por el exceso de agua y materiales de desecho.

La sangre se filtra en la corteza renal, la capa externa de los riñones.

La vena renal (en azul) se lleva la sangre ya filtrada.

El uréter lleva la orina desde el riñón.

Los uréteres son dos conductos que pasan la orina desde los riñones hasta la vejiga.

Una hormona del cerebro controla la cantidad de orina que los riñones generan. Los riñones modifican la cantidad de agua que hay en la orina para que el cuerpo tenga la cantidad apropiada de agua.

La vejiga es una bolsa musculosa que almacena la orina hasta que es expulsada del cuerpo.

La uretra es el conducto por el que se expulsa la orina procedente de la vejiga fuera del cuerpo.

Los riñones filtran la sangre que pasa por ellos para extraer un líquido que contiene sustancias disueltas tales como nutrientes, sales y sustancias químicas residuales. Los materiales que son útiles para el cuerpo son devueltos a la sangre, mientras que la urea se queda en la orina.

REPRODUCCIÓN

Los órganos sexuales del aparato reproductor producen células sexuales, los espermatozoides y los óvulos, que se unen durante la reproducción sexual para crear un bebé. En las mujeres, el aparato reproductor contiene partes para gestar al bebé y para alimentarlo tras el nacimiento.

Los órganos sexuales maduran durante la pubertad. A partir de ese momento empiezan a producir células sexuales y las mujeres pueden quedarse embarazadas. Los órganos femeninos, llamados ovarios, liberan un óvulo cada mes. Al nacer, los ovarios contienen ya todos los óvulos.

PRODUCCIÓN DE ESPERMATOZOIDES

Los órganos sexuales masculinos, los testículos, producen espermatozoides de forma constante a partir de la pubertad. Los espermatozoides pasan al aparato reproductor femenino en el acto sexual.

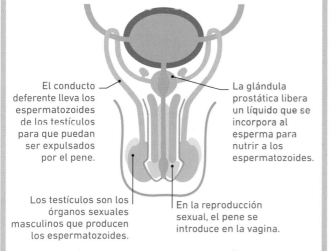

El conducto deferente lleva los espermatozoides de los testículos para que puedan ser expulsados por el pene.

La glándula prostática libera un líquido que se incorpora al esperma para nutrir a los espermatozoides.

Los testículos son los órganos sexuales masculinos que producen los espermatozoides.

En la reproducción sexual, el pene se introduce en la vagina.

Aparato reproductor masculino

Las glándulas mamarias producen y liberan leche para alimentar al recién nacido.

La trompa de Falopio transporta el óvulo desde el ovario hasta el útero. Si hay espermatozoides en el cuerpo de la mujer, puede producirse la fertilización en la trompa de Falopio.

Los ovarios son los órganos sexuales femeninos en los que se producen las células sexuales femeninas (óvulos).

El vientre (útero) es el lugar donde el óvulo fertilizado se transforma en un bebé. El óvulo se fija a la pared del útero, donde se forma un órgano llamado placenta que se encarga de pasar el alimento de la sangre de la madre al bebé.

El bebé pasa por la vagina (canal del parto) para salir del cuerpo de la madre.

Aparato reproductor femenino

NERVIOS

Tu cuerpo es capaz de responder y reaccionar con rapidez ante los cambios del entorno porque su sistema nervioso envía unas señales eléctricas llamadas impulsos nerviosos. Estos viajan por una red de nervios, que ayudan a los órganos de los sentidos a comunicarse con el cerebro y los músculos.

Los impulsos nerviosos se transmiten a través de los nervios que conectan con el sistema nervioso central, que está formado por el cerebro y la médula espinal. Otros impulsos nerviosos se transmiten desde el sistema nervioso central hasta los músculos y las glándulas.

3. La neurona libera una sustancia química en la sinapsis para poder transmitir el impulso.

2. Una fibra nerviosa alargada (axón) lleva los impulsos al otro lado de la neurona.

1. Unas ramificaciones (dendritas) reciben los impulsos de otras neuronas.

4. La sustancia química activa un impulso en la siguiente neurona.

El sistema nervioso está compuesto por unas células alargadas llamadas neuronas. Las neuronas están separadas entre sí por un pequeño vacío o sinapsis. Para transmitir los impulsos nerviosos, las neuronas liberan una sustancia química en la sinapsis que hace de puente entre ellas.

El cerebro es la parte del sistema nervioso central que coordina la información y participa en los procesos nerviosos más complejos, tales como almacenar recuerdos, resolver problemas y controlar el estado de ánimo y la conducta.

La médula espinal es la parte del sistema nervioso central que se encarga de recibir los impulsos nerviosos procedentes de los órganos de los sentidos y de enviar impulsos nerviosos a los músculos. También transmite impulsos desde y hacia el cerebro.

Los nervios son haces de fibras nerviosas que transmiten impulsos nerviosos desde y hacia el sistema nervioso central.

El sistema nervioso periférico está formado por todos los nervios que se ramifican desde el cerebro y la médula espinal hacia todo el cuerpo.

Sistema nervioso central

Sistema nervioso periférico

HORMONAS

Tu sistema endocrino está formado por una serie de glándulas que producen unas sustancias químicas llamadas hormonas. Las hormonas pasan a la sangre y ejercen un poderoso efecto sobre algunos órganos. A diferencia del sistema nervioso, que funciona muy rápido, el sistema endocrino actúa de un modo mucho más lento.

Las glándulas endocrinas están en distintas partes del cuerpo. Las hormonas que liberan llegan a todas partes a través del flujo sanguíneo, pero cada hormona provoca una respuesta en un tejido u órgano determinado.

La glándula pituitaria, que está situada justo debajo del cerebro, libera muchos tipos de hormonas, que controlan otras glándulas del cuerpo. Por eso se conoce como la glándula endocrina maestra.

La glándula tiroides libera una hormona que controla la velocidad del metabolismo corporal y la liberación de energía, ayudando a regular el crecimiento y el desarrollo.

Las glándulas adrenales, una sobre cada riñón, producen hormonas que ayudan a regular muchos procesos vitales, entre ellos cómo responde el cuerpo al estrés.

El páncreas es una glándula grande que produce unas hormonas que ayudan a mantener un nivel de azúcar en sangre adecuado.

Los órganos sexuales (los testículos en los hombres y los ovarios en las mujeres) liberan hormonas sexuales que ayudan a controlar el desarrollo de las características sexuales durante la pubertad.

LIBERACIÓN DE HORMONAS

Las glándulas endocrinas contienen grupos de células que producen hormonas. Estas pasan a la sangre y son llevadas a otras partes del cuerpo.

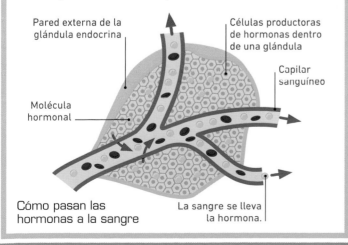

Pared externa de la glándula endocrina

Células productoras de hormonas dentro de una glándula

Capilar sanguíneo

Molécula hormonal

Cómo pasan las hormonas a la sangre

La sangre se lleva la hormona.

GLOSARIO

ABDOMEN Parte inferior del cuerpo que queda debajo del pecho.

ABSORCIÓN Proceso por el que los alimentos digeridos atraviesan las paredes del intestino y pasan a la sangre.

ACTO REFLEJO Reacción rápida e involuntaria, como el parpadeo.

ADN (ácido desoxirribonucleico). Molécula larga que se encuentra en el núcleo de las células. Contiene los genes, instrucciones que controlan el funcionamiento de las células, y el crecimiento y desarrollo del cuerpo.

ADRENALINA Hormona que prepara el cuerpo para una acción rápida ante el peligro. La adrenalina la producen unas glándulas situadas sobre los riñones.

ALERGIA Reacción desproporcionada del sistema inmunológico del cuerpo ante una sustancia que normalmente es inofensiva, como el polen de las flores.

ALVÉOLO Bolsa de aire de los pulmones que permite que el oxígeno penetre en la sangre y el dióxido de carbono salga.

AMINOÁCIDO Molécula simple que el cuerpo utiliza para construir proteínas. El aparato digestivo descompone las proteínas en aminoácidos.

ANTICUERPO Sustancia creada por el cuerpo que se pega a los gérmenes y los marca para que los glóbulos blancos los destruyan.

ANTÍGENO Sustancia extraña al cuerpo, como las proteínas de la superficie de los gérmenes.

ARTERIA Vaso sanguíneo que lleva la sangre del corazón a los tejidos del cuerpo.

ARTICULACIÓN Conexión entre dos huesos.

ARTICULACIÓN SINOVIAL Articulación móvil, como la rodilla o el codo, que contiene una cápsula de líquido para su lubricación.

AXÓN Fibra alargada que sale de una célula nerviosa. Transmite señales eléctricas desde la célula.

BACTERIA Microorganismo muy corriente. Algunas causan enfermedades, otras son beneficiosas.

BASTÓN Célula de la retina sensible a la luz. Funcionan con poca luz, y no detectan colores.

CAJA TORÁCICA Caja protectora formada por las costillas, la columna y otros huesos.

CALCIO Mineral que usa el cuerpo para construir los huesos y los dientes.

CANINO Diente puntiagudo que se usa para perforar.

CAPILAR El vaso sanguíneo más pequeño.

CARTÍLAGO Tejido resistente y flexible que ayuda a sustentar distintas partes del cuerpo.

CAVIDAD NASAL Espacio que hay detrás de la nariz. Cuando respiras, el aire circula por la cavidad nasal.

CÉLULA La unidad viva más pequeña del cuerpo.

CÉLULA NERVIOSA (neurona) Célula especializada en transmitir señales eléctricas.

CÉLULA SEXUAL Célula que produce el aparato reproductor. Al unirse una femenina y otra masculina, se forma un nuevo individuo.

CEREBELO Pequeña estructura de la parte posterior del cerebro. Ayuda a coordinar movimiento y equilibrio.

CEREBRUM Parte principal del cerebro. Su capa externa se llama corteza cerebral o córtex cerebral.

CILIOS Pelos de la superficie de las células.

CLAVÍCULA Hueso largo y fino de la parte anterior del hombro.

COMPUESTO Sustancia química compuesta por varios tipos de átomos que forman moléculas.

CONOS Células de la retina del ojo que detectan el color.

CONTRACCIÓN Acortamiento. Los músculos se contraen y tiran de los huesos.

CORTEZA CEREBRAL Capa externa del cerebro con pliegues profundos. Interviene en el pensamiento, la memoria, el movimiento, el lenguaje, la atención y el procesamiento de información sensorial.

CROMOSOMA SEXUAL Uno de los cromosomas que marcan el género.

CROMOSOMA Uno de los 46 paquetes de ADN que se encuentran en el núcleo de las células.

CUERDAS VOCALES Tejidos de la laringe que vibran para producir los sonidos del habla.

CUERPO CELULAR Parte de una célula nerviosa que contiene un núcleo.

DENDRITA Fibra corta que sale de una célula nerviosa. Transmite señales eléctricas entrantes desde otras células nerviosas.

DIAFRAGMA Lámina de músculo que separa el pecho del abdomen. Desempeña un papel clave en la respiración.

DIGESTIÓN Descomponer los alimentos en moléculas más pequeñas para que el cuerpo los absorba.

DILATAR Ensanchar. La pupila del ojo se dilata en la oscuridad para dejar entrar más luz.

EMBRIÓN Organismo en desarrollo durante las ocho primeras semanas tras la fertilización.

ENFERMEDAD Problema del cuerpo que provoca que la persona se sienta indispuesta. Las causadas por gérmenes son enfermedades infecciosas.

ENZIMA Sustancia que acelera una reacción química del cuerpo. Las enzimas digestivas ayudan a descomponer los alimentos.

EPIGLOTIS Tejido que cierra la tráquea al tragar la comida para evitar que te asfixies.

ESCANEO Técnica que se usa para obtener imágenes de órganos y tejidos blandos del interior del cuerpo.

ESMALTE Material resistente que recubre la parte visible de los dientes. Es la sustancia más dura del cuerpo.

ESÓFAGO Conducto muscular por el que pasa la comida ingerida de camino al estómago.

ESPERMATOZOIDES Células sexuales masculinas. Se forman en los testículos.

ESPINA DORSAL Columna de huesos que recorre la espalda verticalmente.

FÉMUR (hueso del muslo) Hueso largo situado entre la cadera y la rodilla.

FERTILIZACIÓN Unión de una célula sexual femenina (óvulo) y una célula sexual masculina (espermatozoide) para crear un nuevo individuo de la misma especie.

FETO Bebé de más de nueve semanas que está en el útero.

FIBRA MUSCULAR Célula muscular.

FIEBRE Aumento de la temperatura corporal por encima de lo normal.

FOLÍCULO PILOSO Hueco que contiene la raíz de un pelo.

GENES Instrucciones que controlan el desarrollo y el funcionamiento del cuerpo. Se transmiten de padres a hijos.

GENOMA Secuencia completa de genes del ADN de una persona.

GERMEN (patógeno) Ser vivo diminuto que puede entrar en el cuerpo de una persona y hacerla enfermar. Las bacterias y los virus son tipos de gérmenes.

GLÁNDULA Grupo de células especializadas en producir una sustancia, como una enzima o una hormona.

GLÁNDULA ENDOCRINA Parte del cuerpo que produce hormonas y las libera en la sangre.

GLÁNDULA SEBÁCEA Glándula de la piel que produce una sustancia grasienta denominada sebo.

GLÓBULO BLANCO Célula sanguínea que combate los gérmenes. Son una parte fundamental del sistema inmunitario.

GLÓBULO ROJO Célula sanguínea que toma el oxígeno en los pulmones y lo lleva por el cuerpo.

GLUCOSA Azúcar simple que circula por la sangre y es la principal fuente de energía de las células.

GRASA Sustancia de los alimentos que aporta gran cantidad de energía.

HECES Caca. Las heces están compuestas básicamente por bacterias, agua y alimentos no digeridos.

HEMOGLOBINA Sustancia de color rojo intenso presente en los glóbulos rojos que transporta el oxígeno.

HIDRATO DE CARBONO Alimentos que incluyen el azúcar y el almidón. Los hidratos de carbono aportan energía.

HORMONA Sustancia liberada en la sangre por una glándula para cambiar la forma de trabajar de otra parte del cuerpo.

HUESO Parte del cuerpo fuerte y dura compuesta principalmente por minerales de calcio. Hay 206 huesos en un esqueleto adulto.

IMPULSO NERVIOSO Señal eléctrica que viaja a gran velocidad a través de la célula nerviosa. También se conoce como señal nerviosa.

INCISIVO Diente de la parte central de la boca que se usa para cortar.

INFECCIÓN Invasión del cuerpo por gérmenes.

IRIS Parte coloreada del ojo. Los músculos del iris hacen que la pupila se dilate y se contraiga.

IRM (imagen por resonancia magnética) Técnica de escaneo que utiliza el magnetismo, las ondas de radio, para producir imágenes del interior del cuerpo.

JUGO GÁSTRICO Jugo digestivo que produce el estómago.

LARINGE Cámara situada en la parte superior de la tráquea que genera sonidos cuando hablas.

LIGAMENTO Banda de tejido duro que une dos huesos entre ellos en una articulación flexible.

LINFOCITO Glóbulo blanco especializado en atacar a un tipo específico de germen.

MACRÓFAGO Glóbulo blanco que se traga y destruye gérmenes, células cancerígenas y células muertas.

MÉDULA ESPINAL Cordón grueso de células nerviosas que recorre el interior de la columna y conecta el cerebro con el cuerpo.

MELANINA Pigmento marrón oscuro que se produce en la piel, el pelo y los ojos.

MOCO Líquido viscoso de la nariz, la garganta y los órganos digestivos.

MOLAR Diente que se usa para moler y triturar.

MOLÉCULA Grupo de átomos unidos por fuertes enlaces.

MÚSCULO ESQUELÉTICO Músculo unido al esqueleto y que mueve el cuerpo.

MÚSCULO LISO Músculo de las paredes de órganos internos como el estómago, la vejiga y los intestinos.

MÚSCULO Parte del cuerpo que se contrae para mover huesos u órganos internos.

NERVIO Haz de células nerviosas que conectan el sistema nervioso central con otras partes del cuerpo.

NEURONA (célula nerviosa) Célula que transmite señales eléctricas.

NEURONA MOTORA Célula nerviosa que transmite señales salientes desde el sistema nervioso central a otras partes del cuerpo.

NÚCLEO Centro de control de una célula. Contiene una secuencia completa de los genes de la persona almacenados en forma de ADN.

NUTRIENTES Sustancias químicas básicas que componen los alimentos.

OÍDO INTERNO Parte interna de la oreja con células sensoriales que detectan sonido, movimiento y gravedad.

ÓRGANO Parte del cuerpo compuesta por distintos tipos de tejidos y especializada en desempeñar una función concreta.

ORGÁNULO Estructura diminuta que hay dentro de una célula y que desempeña una tarea específica. El núcleo es un orgánulo que almacena el ADN.

OSÍCULOS AUDITIVOS Los tres huesecillos del oído interno que transmiten las vibraciones sonoras desde el tímpano hasta el oído interno.

OVARIOS Órganos que almacenan y liberan células sexuales femeninas (óvulos) en el cuerpo de la mujer.

OXÍGENO Gas que se encuentra en el aire y es vital para la vida. El oxígeno es inspirado, absorbido por la sangre y usado por las células para liberar energía.

PROTEÍNAS Nutrientes vitales que ayudan al cuerpo a crear células nuevas. Alimentos como la carne, los huevos, el pescado y el queso son fuentes ricas en proteínas.

PULMÓN Uno de los órganos que usamos para respirar. Los pulmones ocupan la mayor parte del pecho.

PUS Líquido espeso y amarillento que se forma cuando los glóbulos blancos se acumulan en heridas infectadas.

QUERATINA Proteína dura e impermeable que se encuentra en el pelo, las uñas y la capa superior de la piel.

RAYOS X Forma invisible de radiación que se utiliza para producir imágenes de los huesos y los dientes (o la imagen producida con los rayos X).

RECEPTOR SENSORIAL Célula nerviosa o parte de una célula nerviosa que detecta la luz, el sonido, el movimiento o algún otro estímulo.

RETINA Capa de células sensibles a la luz que se encuentran en el ojo. La retina capta las imágenes.

SALIVA Líquido digestivo que produce la boca. La saliva te ayuda a saborear, tragar y digerir la comida.

SANGRE Tejido líquido que contiene varios tipos de células. La sangre transporta oxígeno, sales, nutrientes, minerales y hormonas por el cuerpo. Recoge residuos que deben ser eliminados.

SEBO Líquido grasiento que mantiene la piel y el pelo suaves, flexibles y estancos.

SINAPSIS Punto de unión en el que se encuentran dos células nerviosas, pero sin llegar a tocarse.

SISTEMA Grupo de órganos que trabajan conjuntamente, como el aparato digestivo.

SISTEMA INMUNITARIO Todas las células, tejidos y órganos del

PALANCA Mecanismo que gira alrededor de un punto fijo, como un picaporte. Las articulaciones y los huesos del cuerpo funcionan como las palancas.

PAPILA GUSTATIVA Grupo de células sensoriales que hay en la lengua y otras partes de la boca. Perciben determinadas moléculas de los alimentos.

PATÓGENO (germen) Organismo vivo diminuto que puede entrar en el cuerpo de una persona y hacerla enfermar. Algunas bacterias son patógenos.

PELVIS Parte del esqueleto en forma de embudo que abarca desde los huesos de la cadera hasta la parte inferior de la columna.

PERISTALSIS Serie de contracciones que se producen en la pared muscular de un órgano interno, como el esófago o los intestinos.

PLASMA Parte líquida de la sangre.

cuerpo que te protegen de las enfermedades.

SISTEMA LINFÁTICO Red de vasos que recoge el líquido de los tejidos, lo filtra en busca de gérmenes y luego lo devuelve al torrente sanguíneo.

SISTEMA NERVIOSO CENTRAL El cerebro y la médula espinal forman el sistema nervioso central.

SUDOR Líquido acuoso que producen unas glándulas presentes en la piel. El sudor al evaporarse enfría el cuerpo.

SUTURA Articulación rígida entre dos huesos, como las que hay en el cráneo o la pelvis.

TEJIDO Grupo de células que tienen el mismo aspecto y actúan del mismo modo. El músculo es un tipo de tejido.

TENDÓN Banda o cordón de tejido muy duro que conecta un músculo a un hueso.

TRÁQUEA Principal vía respiratoria que conecta la parte posterior de la garganta con los pulmones.

TRONCO ENCEFÁLICO Parte de la base del cerebro que conecta este órgano con la médula espinal.

ULTRASONIDO Técnica que usa los sonidos de alta frecuencia para mostrar estructuras del interior del cuerpo.

URETRA Conducto que transporta la orina desde la vejiga hasta el exterior del cuerpo.

ÚTERO (vientre) Órgano muscular en el que se gesta un bebé durante el embarazo.

VASO SANGUÍNEO Cualquier conducto que transporte sangre.

VELLO CORPORAL Pelo muy fino y suave que cubre la mayor parte del cuerpo.

VENA Vaso sanguíneo que transporta la sangre desde los tejidos corporales hasta el corazón.

VÉRTEBRA Cada uno de los huesos que forman la columna vertebral (espina dorsal).

VIRUS Tipo de germen que invade las células y se multiplica en su interior. Los virus provocan el resfriado común, el sarampión y la gripe.

VITAMINA Sustancia orgánica presente en los alimentos que el cuerpo necesita en pequeñas cantidades para mantenerse sano.

ÍNDICE

AGRADECIMIENTOS

Los editores agradecen a las siguientes personas su ayuda para la realización de este libro: Anna Pond y Lauren Quinn por su asistencia de diseño, Victoria Pyke por la corrección, Sarah MacLeod por su asistencia editorial, Derek Harvey por su asesoría y Helen Peters por el índice.

Los editores agradecen a los siguientes su permiso para reproducir sus imágenes:
(Clave: a, arriba; b, bajo, debajo; c, centro; d, derecha; e, extremo; i, izquierda; s, superior)
4 Getty Images: Science Photo Library / Nick Veasey (sc, sd). **Science Photo Library:** Martin Dohrn (ci); ZEPHYR (cdb). **5 Alamy Stock Photo:** Science Photo Library / Steve Gschmeissner (c). **Dreamstime.com:** Akbar Solo (sc); Lev Tsimbler (si). **Science Photo Library:** Eye of Science (sd); ZEPHYR (clb). **6-7 Getty Images:** Science Photo Library / Nick Veasey. **10-11 TurboSquid:** FraP (comparación con el Empire State)/ Dorling Kindersley/Arran Lewis. **12-13 Science Photo**

Library: Anne Weston, EM STP, The Francis Crick Institute. **18-19 Science Photo Library:** Martin Dohrn. **21 123RF.com:** nrey (sd). **22-23 Science Photo Library:** Power and Syred. **26 Alamy Stock Photo:** Iomasz Formanowski (d). **30-31 Science Photo Library:** Steve Gschmeissner. **34-35 Getty Images:** Science Photo Library / Nick Veasey. **36-37 Alamy Stock Photo:** Science Photo Library (esqueleto). **40-41 Science Photo Library:** John Durham. **42 Dorling Kindersley:** Arran Lewis / Zygote (bi). **43 Science Photo Library:** D. Roberts (bd). **44-45 Dorling Kindersley:** Arran Lewis / Zygote. **46-47 Dorling Kindersley:** Arran Lewis / Zygote. **47 Dorling Kindersley:** Arran Lewis (sc, cda, cdb, bd). **48-49 Dorling Kindersley:** Arran Lewis / Zygote (c). **52-53 Science Photo Library:** Martin Oeggerli. **56-57 Science Photo Library:** ZEPHYR. **60 Getty Images:** Universal Images Group / BSIP (bi). **61 Alamy Stock Photo:** Kiyoshi Takahase Segundo (sc). **66-67 Dreamstime.com:** Dawn Balaban. **70-71 Dreamstime.com:** Lev

Tsimbler. **74-75 Dorling Kindersley:** Arran Lewis / Zygote. **76-77 Science Photo Library:** Eye of Science. **82-83 Science Photo Library:** Steve Gschmeissner. **86-87 Alamy Stock Photo:** Eye of Science. **90-91 Getty Images / iStock:** DmitriyKazitsyn (c). **96-97 Science Photo Library:** ZEPHYR. **98-99 TurboSquid:** rescue3dcom (car)/ Dorling Kindersley Images: Arran Lewis. **102-103 Science Photo Library:** Steve Gschmeissner. **106-107 Dreamstime.com:** Akbar Solo. **110-111 Alamy Stock Photo:** mauritius images GmbH / Busse & Yankushev (c). **112-113 Science Photo Library:** Tamara Makarova (ci). **115 Shutterstock.com:** Andrey Korshenkov (cd). **116-117 Science Photo Library:** Susumu Nishinaga. **118 Dreamstime. com:** Homydesign (bd); Mariia Mastepanova (bc). **118-119 Shutterstock.com:** Ruta Production (lengua). **119 Dreamstime.com:** Atlasfotoreception (bc); Gresei (bi); Chernetskaya (bd). **122-123 Science Photo Library:** Eye of Science. **125 Getty**

Images / iStock: Gal_Istvan (cda). **126-127 Alamy Stock Photo:** Science Photo Library / Steve Gschmeissner. **128 Alamy Stock Photo:** Science Photo Library / Juan Gaertner (bc). **130-131 Getty Images / iStock:** Dr_Microbe. **132-133 TurboSquid:** rescue3dcom (comparación con el autobús)/ Dorling Kindersley/ Arran Lewis. **134-135 Science Photo Library:** Power and Syred. **137 Getty Images / iStock:** ktsimage (bc). **138-139 Science Photo Library:** Steve Gschmeissner. **140 Science Photo Library:** SCIMAT (clb). **142-143 Science Photo Library:** Steve Gschmeissner. **146-147 Science Photo Library:** Eye of Science. **149 123RF.com:** khanisorn chalermchan (cia). 150-151 Science Photo Library: Mehau Kulyk.

Resto de las imágenes:
© Dorling Kindersley

Para más información ver:
www.dkimages.com